A Theory of
Property Rights
With Application to the California Gold Rush

加州淘金热的产权研究

〔美〕约翰·昂伯克（John Umbeck） 著

应俊耀 蔚 怡 译

广西师范大学出版社

·桂林·

JIAZHOU TAOJINRE DE CHANQUAN YANJIU

A Theory of Property Rights: With Application to the California Gold Rush
Copyright © John R. Umbeck
All rights reserved.

著作权合同登记号桂图登字：20-2019-171 号

图书在版编目（CIP）数据

加州淘金热的产权研究 /（美）约翰·昂伯克（John Umbeck）著；应俊耀，蔚怡译. —桂林：广西师范大学出版社，2021.8
ISBN 978-7-5598-3563-5

Ⅰ. ①加… Ⅱ. ①约… ②应… ③蔚… Ⅲ. ①金矿床－矿产权－私有制－研究－美国②金矿床－金属矿开采－历史－研究－美国 Ⅳ. ①D971.226②F471.261

中国版本图书馆 CIP 数据核字（2021）第 017077 号

广西师范大学出版社出版发行

(广西桂林市五里店路 9 号　邮政编码：541004)
　网址：http://www.bbtpress.com

出版人：黄轩庄
全国新华书店经销
湛江南华印务有限公司印刷
（广东省湛江市霞山区绿塘路 61 号　邮政编码：524002）
开本：889 mm × 1 194 mm　1/32
印张：7.375　　　字数：140 千字
2021 年 8 月第 1 版　　2021 年 8 月第 1 次印刷
印数：0 001~5 000 册　定价：68.00 元

如发现印装质量问题，影响阅读，请与出版社发行部门联系调换。

序
从淘金热看华盛顿经济学派

本书作者约翰·昂伯克是我当年在西雅图华盛顿大学的学生。教书生涯三十八年,我在五所层面很不相同的大学教过。纯从天赋的高下衡量,昂伯克是我教过的不出一掌之数的优质学生了。当年名满天下的芝加哥大学的经济学大师施蒂格勒(George J. Stigler)与贝克尔(Gary S. Becker)曾邀请昂伯克到芝大的经济系任教职,但他婉拒了。可见昂伯克的天赋当年是行内公认的,而本书作为他的博士论文,很有说服力。当年在华大我有另一位天赋不亚于昂伯克的学生,荷尔(Chris Hall),也推却了芝大的邀请。施蒂格勒写信来骂我不鼓励他们去。今天回顾,上世纪七十年代华大的经济学实力不弱于芝大——从验证假说这方面衡量,华大当年是超越芝大的,超相当多。

正如作者昂伯克在引言中提及,选择加州淘金热这个论文题材是我的建议,而当年他跑到加州去找寻资料的费用是由我拿得的美国国家科学研究基金分一点给他。昂伯克不负众望,他的"淘金热"论文,解释产权怎样界定与促成,是高于德姆塞茨

（Harold Demsetz）等人的解释的。高多了，因为昂伯克是基于实地考察与多份真实的合约版本。坐在办公室内猜测真实世界发生着些什么事不是经济学应走的路。

美国加州当年出现的淘金热是一个非常难得的关于私产怎样形成的实例，因为当时的加州墨西哥不再管，美国当局主要在东部，也管不着，近于无法无天，但价值不菲的黄金一八四八年在加州中部被发现了。无数美国东部的流民涌到加州去，牛仔枪手与捞女赌徒闻风而至，三教九流，龙蛇混杂，看来是一个竞争淘金导致租值大幅消散的好实例。然而，淘金的权利还是通过合约的安排与约束而界定了！淘金的租值因而消散得少。这是经济制度的运作会在局限下减低交易或制度费用的思维，由我在一九七四年发表的一篇文章首先提出，后来华大的同事巴泽尔认为是整个二十世纪的经济学发展中最重要的一句话。

昂伯克在书中可没有指出，当时跑到加州去作为劳役掘金的不少是买出生纸远渡重洋而去的炎黄子孙。主要是台山一带的人。他们没有分得什么金，但在加州修桥补路，替人家煮食洗衣，不懂英语，聚居而成"唐人街"，而"旧金山"这个令人向往的经典名字是他们起的。

上世纪九十年代起，我离开西雅图华盛顿大学约十年后，经济学行内出现了"华盛顿经济学派"一词，可能是源于诺奖得主诺思在一本名著中提出。诺思直言我是该学派的首要人物，也即是"始作俑者"了。

不少人问以我为首的"华盛顿经济学派"是搞什么的。我回应说你们读我写下的文章就知道。有点强词夺理，有理说不清。昂伯克这本书可以协助澄清。要知道什么是华盛顿经济学派吗？昂伯克这本书就是该学派的其中一件代表作。

重视真实世界的事实或史实，通透地掌握着简单的经济概念与原则，然后推出可以验证的假说，频频验证。这是我认为经济学的发展唯一应该走的路，可惜自上世纪七十年代中期起，经济学走上了歧途：术语多多，方程式与回归统计频频，装模作样，有威有势，但说到有用途的解释世事，拆开了西洋镜，却是空空如也。我希望昂伯克这本书的中译能给神州大地对世事有兴趣的同学一点重要的启示：经济学要这样处理才对。

张五常

二〇一九年七月八日

中文版自序

1973年4月,当我向张五常提交我所期望的博士论文时,我即将在华盛顿大学完成我的博士学位。那已经是47年前的事情了。由于我清楚那时的他有多忙,我以为要等上几周甚至几个月才能得到回复。然而,第二天,当我看到张五常时,他在大厅里拦住了我,告诉我,我所提交的是一篇很优秀的论文"开题报告"(proposal)。他接着又告诉我,现在我必须去加利福尼亚,尽我所能学习一切有关淘金热的知识,并收集数据来验证自己的理论。他答应支付我的机票费,以及我所找到的任何数据的费用,不过,生活费必须自理。

根据我在华盛顿大学已经完成的研究,我知道自己在加利福尼亚的第一站将是加州大学伯克利分校的班克罗夫特图书馆。在伯克利的时候,我安排自己跟一位同事的父亲住在一起。在加州的第一个早上,我乘坐旧金山湾区的轻轨列车去了伯克利校区,找到了图书馆。一位非常乐于助人的图书管理员告诉我,我正在寻找的信息有可能会在地下档案室里找到,那里专门收藏了所有加利福尼亚早期的文件。她指示我去找那位负责收藏品的人。

当我与这位负责人交谈时，她告诉我的第一件事是，不允许我进入特别收藏室，只有有资格的图书管理员才允许进入。如果想看某份文件，则必须填写一份书面申请，提交给她，她才把文件拿给我。我找到一个卡片目录（一个装满索引卡片的抽屉，里面列出了档案馆里存放的所有图书、文章和文件），创建了一张所有我想看的物品清单，并将其提交给了图书管理员。当时我被告知，一次只能取一件物品。用完后将其归还，才能获得另一件。

他们让我在一间专门的阅览室里等候，然后他们去找我要的第一份文件——一名淘金者写给他远在东方的家人的一封信。我正等着的时候，另一名图书管理员拿来一个像大玻璃盒子的东西，两边各有一个洞，刚好够我把手伸进盒子里。当我收到第一份文件时，图书管理员把它放在盒子下面，并解释说它只能放箱子里阅读。由于盒子两边有洞，我可以翻页。他们不允许我把文件从盒子里拿出来。当我一触碰到纸，才翻了一页时，我就意识到了盒子如此设计的缘由。因为这封信已经有120多年的历史了，书页非常之脆弱。

于是，我开始阅读信件。在信中，那位矿工描述了加利福尼亚金矿区的生活。我发现了一段自己尤为感兴趣的文字，它描述了矿工生活和工作的习惯。于是我想记一下笔记。我把手伸进公文包，拿出一本笔记本和一支铅笔。我没有听到警报铃响，但是一位图书管理员立马找到了我，拿走了我所有的铅笔。我被告知，不准带铅笔或任何可能在书上留下记号的东西。如果我有什么想要记录的，则必须填写一份要求复印文件的请求，然后管理员会复印一份给我。复印费是每页一美元。

我得知，由于传统的复印机所使用的光线太亮，可能会损坏老化的文件，因此他们不得不使用一台经过特殊设计的机器，最大限度地减少对旧纸张的损坏。幸运的是，张五常同意支付获取数据的费用。虽然我的边际成本是零，但一个月后，当我离开图书馆时，我的账单已经超过3 000美元。

尽管有这些规定，但图书馆员还是非常乐于助人，这使我能够找到被岁月遗忘的资料和文件。由于他们每天从早上直到打烊都看着我，我甚至和一些工作人员成了朋友。虽然他们仍然一次只给我带来一本书，还拿走我所有的铅笔，但我们相处得非常融洽，我的努力也得到了回报。当我离开的时候，我还得到了几十份矿工合约副本，这些合约旨在创造一个和平的采矿环境，界定和分配土地和黄金的产权。

在离开伯克利后，我乘公共汽车穿越了这个成千上万的早期淘金者曾经工作过的地区。在现在位于旧矿区的那些城镇，我去了它们的图书馆，查阅史料。它们没有一个像班克罗夫特图书馆那样受到限制。我可以搜索档案，拿出书籍或文件，甚至做笔记。又过了一个月，我来到萨克拉门托，距离1848年最初发现黄金的地方只有35英里[1]。我在中央图书馆低楼层里找到了一本书，里面提到了1880年加州人口普查的早期版本。作者声称，这次普查的附录中记载有采矿工人的合约副本。我翻阅档案，找到了人口普

---

[1] 1英里约合1.609千米。（本书脚注均为译者注。）

查报告。在附录中，有来自近100个矿区的原始采矿合约的副本。我找到了我的金矿！结合自己已经收集到的数据，我有近200份采矿合约的副本。当我开始这趟旅程的时候，我从来没有想过，在距离萨特的锯木厂（Sutter's Mill）几英里远的地方，就能找到我自己的金子。我把那本书交给图书管理员，对他说："请将这里复印一下。"

一年之后，我拿到了博士学位，并开始将我的博士论文整理成本书的格式。加利福尼亚淘金热是一个惊险刺激的故事，希望你能喜欢。

约翰·昂伯克
2020年4月

敬告各位，根据清溪地方法律，此处沿深谷五十英尺地带为本人所有，并受猎枪修正案保护。

矿地声明（签字）

加利福尼亚，1849年

目　　录

序　从淘金热看华盛顿经济学派 / 张五常 …………………… i

中文版自序 ………………………………………………………… v

序 ………………………………………………………………… 1

第一部分
产权的出现：理论研究

第一章　导论 ……………………………………………………… 5
第二章　暴力与产权合约 ……………………………………… 11
第三章　签约成本与产权的出现 ……………………………… 39
第四章　经济学中产权概念的演化 …………………………… 65

第二部分
加州淘金热：实证研究

第五章　法律和技术局限：1848—1866 …………………… 87

第六章 早期淘金与最初合约：1848—1849 ········· 103

第七章 矿地私有产权的出现：1849—1850 ········· 115

第八章 暴力与产权初始分配 ················· 129

第九章 暴力与产权限制 ··················· 147

注释 ································ 177

参考文献 ····························· 205

跋　从淘金热寄望中国经济史学派 / 周燕 ············ 215

译后记 ······························ 219

序

运用现代选择理论来解释产权的出现，是相对少有人去尝试的。因此，真实世界的许多观察，我们都无法理解。我相信，本书不仅在回答一些非常基本的问题方面会有很大的助益，同时也为进一步的科学研究留下了许多空间。在一些地方，我选择回避某些问题，要么是因为它们对我而言太难以解决，要么是我觉得它们对主题而言是无关紧要的。这些地方我都指出来了，以便任何对此感兴趣的人都能继续追寻和探索这些个有趣的、较新的经济研究领域。

我要感谢华盛顿大学的张五常教授，是他最早建议我研究加利福尼亚的淘金热的。他坚持认为，电视节目里所播的当时淘金者的暴力现象肯定是错的。很显然，矿工达成协议的成本并不高，与通过枪战竞争相比是更为经济的做法。在他的建议下，我到图书馆借了一本加州淘金史的书。这是我研究淘金热的开始。

在华盛顿大学写论文期间，我极大地受益于和约拉姆·巴泽尔（Yoram Barzel）、约翰·麦基（John McGee）、道格拉斯·诺思（Douglas North）、吉恩·西尔伯格（Gene Silberburg）等教授的讨论，同时也受益于和乔治·吉（George Gee）、布鲁斯·罗伯茨（Bruce Roberts）、克里斯·荷尔这些研究生同伴的讨论。非常感谢西蒙弗雷泽大学的汤姆·博彻丁（Tom Borcherding）教授、弗吉尼亚理工学院暨州立大学的詹姆斯·布坎南（James Buchanan）和戈登·塔洛克（Gordon Tullock）教授对初稿所做的评论，也同样感谢加里·贝克尔、乔治·斯蒂格勒，以及芝加哥大学产业组织研究会的成员。

还有一些机构帮我在加州收集数据。它们包括：加州大学伯克利分校的班克罗夫特图书馆、旧金山的加州历史学会、萨克拉门托的加州图书馆和加州档案馆。

最后，我要感谢国家科学基金的支持。正是通过他们"对合约理论和经验研究"的资金支持，我才得以赶赴加州，采集到研究数据。我还要感谢经济与教育研究基金的支持，其暑期资金帮助此书得以修订出版。

第一部分

产权的出现：理论研究

> 没有财产，没有统治权，没有"你的"和"我的"之分；每一个人能得到手的东西，在他能保住的时期内便是他的。[1]
>
> ——托马斯·霍布斯，《利维坦》，1651年

1 本书《利维坦》引文均采用商务印书馆黎思复、黎廷弼译本。文字略有改动。

第一章
导　论

这是一项针对私有产权的起源与演变的经济学研究。它由两部分组成。在第一部分中，我试图推出一个理论，这个理论对解释和推测各种产权制度的产生与发展可能有所帮助。

产权是从各种不同情况演变而来的。例如，一个人获得椰子的产权，可能仅仅是因为他是唯一会爬树的人。同样地，一个人拥有鱼的产权，可能是因为只有他知道哪里才能捕到鱼。而我感兴趣的则是，那些由两人或多人协议所产生的权利。在这类协议或合约中，一群人一致同意授予他们中的每个人对某种资源的私有产权，以此来约束自己的行为。这些合约要么是隐性的，要么是显性的。隐性的合约通常被称作习俗或者传统，比如不插队，或在戏院里就坐前要问邻座"这位子有人吗"；显性的合约被称作法律或者规则。然而，不经意间获得的经验表明，相对有价值的资源的权利通常是通过合约明确分派（assign）的，而不是由变幻莫测的习俗分派。我所研究的，就是这些显性合约的起源和演变。

出于研究目的，我对私有产权的定义跟显性合约条款的定义一样，这些条款都分派了个人使用某项资源和靠其获得收入的私有权[1]。这种私有权还可以包括转让权。

一个人可能与其他人商定，在生产和消费中联合资源，为这些资源创造新的用途。通过合约，他们必须约定谁有权利拥有这些新产品，以及如何分配资源联合产生的所有收入。从这种意义上来说，几乎所有的合约都会涉及产权的建立。然而，并不是所有合约我都感兴趣。在本书中，我感兴趣的只是那些被我称为"原始合约"（original contract）的合约。这类由生活在无政府状态中的人们建立的合约，首次分派了个人对资源的私有权。若无特别说明，本书出现的"合约"，指的就是这种原始合约。个人只有在被赋予对资源的私有权之后，才有可能与其他人签订生产与消费合约。如果人们不想像鲁滨逊·克鲁索那样生活，这种原始合约就必不可少。对从无政府状态走出来的这一步，哲学家、政治学家、历史学家、人类学家、考古学家和社会学家已经做了研究。[1]但当这一步被视作人与人之间的合约协议，并且取决于个人选择时，它就完全归入了经济学家的领域。

在本研究的第二部分中，我将运用该理论来解释，1848年至1866年期间加利福尼亚授予个人矿地产权的合约演变过程。之所以选择这个时期，是因为那个时候普遍存在的实际情况，与第一

---

1 Exclusive right，通常译作"排他权""专有权""专属权"，这里采用张五常教授的译法。

部分所提出来的理论局限条件[1]极为接近。

1848年，美墨战争即将结束时，人们在加利福尼亚发现了黄金。在结束这场冲突的条约（《瓜达卢佩—伊达尔戈条约》）中规定，今天称为加利福尼亚的所有土地，都将割让给美国。然而，美国政府没有适用于管制公共矿地的法律体系，因此，所有在这些矿产上的矿工（采矿者）都被视为入侵者。其实更早之前，墨西哥法律曾对采矿权的获取做出过规定，但在发现黄金的同一年，这些规定被美国军政府废除了。废除之后，美国军政府也没有颁布其他替代性的法规。加尼福尼亚州政府直到1850年才开始运作，而且在此后很多年里也没有给执法部门提供过资金支持。由于黄金的发现，驻扎在加利福尼亚的美国军队中出现了许多逃兵，军队人数锐减到600人左右。与此同时，大约有20万名来自世界各地的矿工蜂拥而至，试图主张（claim）对部分矿藏的所有权。由于没有法律或执法部门来管制矿产的使用，因此，混乱的无政府状态盛行。这个时期，私有产权是不存在的。但是，到了1850年，也就是在黄金发现仅仅两年之后，矿工就已经组成各种团体，并就显性合约达成了一致——即在特定的矿区或地区内，个人被分配了土地的私有权和转让权。到了1866年，形成了500多个界限明确的独立矿区，每个矿区都有各自的产权制度。

在花费几个星期，对加州档案馆、图书馆和特殊藏品进行挖

---

[1] Constraints在很多书上都译作"约束条件"，这里采用张五常教授的译法，统一译作"局限条件"，指约束行为的所有条件。见张五常的《经济解释》（五卷本，2019年增订本）第一卷第六章第二节。

掘之后，我成功找到了200多份此类原始采矿合约。尽管合约与合约之间在某些方面有显著差异，但其他方面则极为相似。每一份合约都清楚地列举了每位矿工在选择不同土地用途时所享有的权利，以及他们可以主张作为己有财产的矿地数量。正如我将要证明的那样，第一部分所提出的理论不仅能够推测产权何时会出现，而且能够推测什么样的权利将会被确定，以及这些权利如何在互相竞争的主张者（claimant）中进行分配。

假如我们自己仅仅满足于对克鲁索型经济体的研究，那么产权的概念将永远不会产生。[2]独自一人在小岛上的克鲁索，会发现他的行为不受其他人行为的约束，且所有资源都归他所有。当然，为了推出可验证的含意（implication），有必要对他的生产和效用函数加上一些理论上的局限条件，比如边际生产率递减和边际替代率递减。但经济学家的工作到此也就结束了。在岛屿的资源禀赋和设定的生产与效用函数的局限条件下，一个足够有能力的数学家无需任何经济学知识就能使克鲁索的效用最大化，进而推出投入的分配和产成品的矢量。

在岛上多引入一个或多个人之后，情况就发生了变化。从某种程度上而言，只要他们的行为互相影响，克鲁索就会发现，他的选择将进一步被新来者的决策所约束。比如，当克鲁索决定去树上采摘椰子，结果却发现那棵椰子树被其他人摘得干干净净。或者当他决定去捕鱼，到那一看，他的渔场里到处都是游泳的人，鱼早被吓跑了。在这样一个岛上，该如何使用资源呢？当人们为稀缺物品互相竞争时，就有可能爆发暴力冲突。我们甚至可以想象到，所有的鱼和椰子在冲突中被糟蹋殆尽，没有剩下任何资源可供分配。作为这类竞争的替代办法，人们可能会同意遵守一系列的规则，这些规则将规定谁能够控制并使用各种资源。这标志着产权制度以及生产和消费局限条件更为复杂的制度的出现。

产权是一系列的局限条件，任何经济理论都必须包含这些局限条件，才能用来解释多人经济体中的人类行为。这一点很容易用克鲁索的例子来证明。除了生产函数的技术性局限条件外，克鲁索独自一人生活在小岛上，可以随时用火枪射杀任何他想要的猎物。让我们纯粹考虑技术方面的因素，假设一天之内，克鲁索一个人用一把火枪，可以在一座小岛上射死10只鸭子。只有当克鲁索是独自一人在小岛上时，这个生产函数才可与经验上的检验相关联。新来岛上的人为了避免被流弹所伤、周日的宁静被破坏，或岛上的鸭子被灭绝，可能会与克鲁索签订合约，并支付他报酬。作为回报，克鲁索则同意只在某规定区域内，于工作日的上午10点至下午3点这个时间段内射猎。在预测用于射杀鸭子的资源投入，和射杀到的鸭子数量的产出上，原有的生产函数自动失效。我们必须重新考虑影响克鲁索行为的额外局限条件。

新的生产函数不会具体说明产出与实物单位投入之间的纯技术关系。相反，它会具体说明，产出与以特定方式使用投入的权利之间的关系。比如，新的生产函数可能是，在工作日上午10点至下午3点期间，克鲁索有权在湖的北岸射猎，此时，他每周能够射杀27只鸭子。假如这些权利发生了改变，使得他能够在上午9

点至下午4点这段时间捕猎,他射杀的鸭子数量可能增加至每周29只,以此类推。

很明显,我们不能完全根据实物单位来理解生产与交换,而必须把实际的权利纳入投入与产出中去。假如没有产权的实际局限条件,经济模型几乎不可能经受住最终的检验,即做出能被证实或证伪的预测。

资料的展开顺序跟大多数科学作品一样:理论先于实证检验。对于那些缺乏经济理论背景的人来说,第一部分也许会难以理解,尽管就经济学理论而言,这是相当初级的知识。当然,你可以直接跳至第二部分。这样做,你将失去许多推理(论证),这些推理促使我强调某些"事实",同时淡化或完全删除其他"事实"。我建议,即便你不是经济学家,第一部分至少也要快速浏览一下。

第二章
暴力与产权合约

原始合约的演变至少可以分为三次紧密相关但逻辑不同的选择（choice）。首先，个人必须决定他自己是否想要与他人签订合约。其次，假如这些个人决定达成某些合约安排，下一步需要决策的就是他们对资源的使用具有什么样的权利，或者有哪些局限条件。最后，他们必须商定如何分配这些权利，或者允许哪些人有权使用资源并从中获得收入。通过确定每次选择的选项，以及每个选项相关的成本[1]，个人的选择就变得可推测了。本章将探讨个人在其第一次选择——是否签订合约时，所面对的各种选项。

事实已经证明，在无权阻止个人使用特定资源的情况下，该资源的收入将会消散（dissipated）。[1]由于这种消散与财富最大化相悖，个人会试图阻止其他人使用该资源，以便攫取部分收入。假如签约成本为零的话，那么资源使用的价值将被最大化，消散就会完全消失。因为以零成本签约，使用资源的个人能通过合约

---

1 Cost，可译为"代价""费用""成本"，本译本统一译为"成本"。

向他人支付费用以获得资源的私有权,从而使其收入流现值最大化。[2] 另一方面,假如任意两个人在所有事情上达成一致的成本极为高昂,那就只剩下一种方式来解决竞争:使用武力或暴力。[3]

在一个没有协议的无政府状态世界中,只要一个人能够成功驱逐其他人,就能维持对一种物品的控制。假如他足够幸运,已经拥有了该物品,那么他也许就能通过在他自己及其财产周围构筑保护性围墙,来避免任何针对个人的暴力,从而增强自己抵御潜在攻击者的能力。假如两个人为某物的原始占有竞争,那么他们只能通过个人暴力来解决。[4]

暴力的独特性

在某种资源的使用上,谁应该被排除在外呢?对此,我们有多种途径来做出决定。在瓦尔拉斯式拍卖中,那些未能给出最佳交易报价的人会被排除在外;在电影院里,假如电影票是通过排队进行定额配给的,则那些不愿排队和不能排队的人就被排除在外;在高等教育中,那些在考试中表现不佳的人就被排除在外;在政府中,那些无法赢得选票的人就会被排除在外——所有这些配给供应机制都有一个共同点:只有当系统中的每个人都同意不使用武力时,它们才会起作用。假如有人不接受排除的标准,而选择使用暴力为自己获得私有权,则所有其他的制度都会以失败告终。他的行为将迫使其他人使用暴力来保护自身权利,否则他们就会失去这些权利。不管其他人是否使用暴力保护自身权利，资源的私有权都会归属于那些最愿意且最有能力使用暴力的人。

每当有一群人一致同意采用某种制度，对稀缺资源的私有权进行定额配给时，他们就是默认同意不使用暴力。但这种合约必须规定暴力的使用，以惩罚任何违反规则的成员，同时保护成员免受其他非成员的攻击。假如这个群体不愿意或者没有能力在这两种情况中使用暴力，其支配资源的权利将会流失到那些愿意或有能力在以上情况中使用暴力的人手上。最终，所有的私有权都会建立在威胁或者使用暴力的基础之上。哪怕是作为唯一能爬上树且拥有椰子私有权的个人，如果他不能阻止其他人为了获得柴火而砍伐椰子树，那么他也会失去这些权利。

暴力的这种独特性，对签订产权初始分配合约的个人构成了一个重要的局限条件（约束）。如果在合约中个人分配到的产权价值低于他通过个人暴力所能获得的价值，那么，没有人会愿意接受这样一项合约。因此，在不考虑签约收益的情况下，通过合约获得的私有权的价值分配，一定与个人暴力所得到的分配结果相同。基于这个原因，我选择提出一个通过暴力分配私有权的理论。

通过暴力分配资源的理论

假设

每个人都是财富最大化者,他能够把劳动时间和土地组合起来生产黄金。在劳动和土地方面,他的淘金生产函数是一次齐次的。在该模型中,对数量有限的金矿的权利,必须在既定数量的矿工之间进行分配。然而,由于所有的签约成本都高得让人难以承受,因此,只有通过暴力才能获得开采一小块土地的私有权。[5]

暴力的概念,或者说对他人使用武力的概念,是模糊不清的。它可能包括实际使用枪支、刀具或拳头,也可能仅仅指威胁要使用以上手段。它也可能包括建造一座营寨或其他保护性建筑。为了澄清即将采用的概念以及简化分析,暴力将被定义为分配给对抗其他矿工时所使用的体力劳动时间。无论是真正用在枪战、格斗或修建保护墙的劳动时间,还是仅仅威胁采用这些手段的劳动时间,都包括在内。[6]一个矿工使用暴力将另一个人排除在某块土地之外的效果,并不取决于他的绝对能力,而是取决于他相对于其他矿工的能力。例如,假如两名矿工在使用暴力上的能力旗鼓相当,那么他们之间的任何冲突,都将通过每人分配到战斗中的劳动时间得以解决。假如他们在暴力上都分配了两个单位的劳动时间,结果将会是平局。如果其中一人使用了更多的劳动时间,那么他就会成为赢家。同样,假如一个矿工在暴力使用的效率上比别人高一倍,那么他只要用别人一半的劳动时间就能和其他人打成平手。

为了进一步简化分析，假设每个矿工都能够无成本地确定其他人愿意并且能够为特定冲突分配多少劳动时间。这个假设使我们能够解决冲突，而无须在暴力中真实使用稀缺资源（劳动）。因为假如事先已经知道结果，就没有人会去争斗。举个例子，假设两个矿工都想要得到某块土地的私有权。如果他们在使用暴利的能力上旗鼓相当，那么土地的产权最后归谁，就取决于谁愿意并且有能力分配最多的劳动时间用于争斗。争斗并不会真的发生。由于知道自己会输，失利者就会放弃他对那块土地的所有权主张。由于每一个矿工都清楚知道其他人愿意拿出来用于暴力的劳动时间长短，因此，这种假设可以让我们忽略任何博弈策略问题。

最后，为了将注意力只集中在一种非私有性的资源上，我将假设劳动（作为一种投入）和黄金（作为最终产品）都是以零成本执行的私有财产。

个体解

只要每个矿工愿意并且能够比其他矿工分配更多的劳动时间在暴力上，他都能把其他人排除在外，从而获得额外单位的土地。我们可以借助图2.1，来论证一下个人可以获得的土地均衡数量。

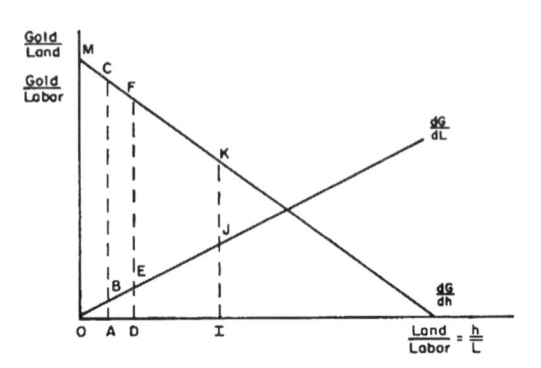

图2.1 暴力使用与金矿土地分配：个体解
Gold/Land：黄金/土地；Gold/Labor：黄金/劳动；
Land/Labor：土地/劳动；h：土地面积

在这幅图中，横轴代表土地与劳动之比，作为采矿过程中的投入。纵轴代表土地的边际产量（$\partial G/\partial h$）和劳动的边际产量（$\partial G/\partial L$）。不考虑工作与闲暇时间之间的权衡，这个人在该时期内愿意分配给采矿的劳动数量是固定的（$\bar{L}$）。

土地的边际回报从原点开始就出现了递减。同时，根据线性齐次生产函数下的可变比例规律（law of variable proportions），劳动的边际产量开始上升。根据这个图，我们可以确定矿工愿意使用多少暴力来获取额外的矿地。比如，假设该矿工拥有OA单位土地。按照OA/$\bar{L}$情况下的土地与劳动之比（land/labor ratio），土地的边际产量为AC，劳动的边际产量为AB。他愿意为暴力分配AC/AB单位劳动，以获取额外1单位的土地。AC/AB只不过是该矿工在黄金生产上的边际替代率。它衡量的是，在不改变黄金总产量的情况下，为交换额外1单位某种投入，该矿工在另一种投入上能够放弃的最大数量。

用数值举例更加清楚。假设$\partial G/\partial h$=AC=10单位黄金；$\partial G/\partial L$=AB=1单位黄金。额外1单位土地将会增加该矿工10单位黄金的财富，但是额外1单位劳动只会增加他1单位黄金的财富。如果能够获得额外1单位的土地，他愿意最多将10单位的劳动付诸暴力。假如其他矿工使用暴力的能力相等，且愿意分配2个单位的劳动，让这个矿工远离他们的边际土地，那么他们将在冲突中沦为输家。在这个例子中，该矿工能在没有任何真实暴力发生的情况下获取额外的土地，因此他仍将拥有$\bar{L}$单位劳动用来采矿，以及额外1单位的土地。

请注意，当这个矿工获得额外的土地时，他的土地与劳动之比增加了，但他把劳动分配给暴力的意愿却减少了。这是因为随着土地与劳动之比越来越高，$\partial G/\partial h$在持续下降，$\partial G/\partial L$在不断上升。换句话说，连续单位的土地变得越来越不值钱，而劳动则变得越来越有价值。在拥有OD土地的情况下，个人将会分配FD/ED劳动（这比AC/AB低）用于暴力，以获得另一单位土地。如果我们假设获取额外1单位土地的劳动成本是固定的2单位劳动，那么这个矿工将会继续通过威胁夺取他们的土地，直到他对额外单位土地的估值是他对额外单位劳动估值的两倍——这种情况会发生在他拥有OI土地的时候。当土地劳动比IK/IJ=2时，均衡实现。此时，这个矿工不会要求更多的土地——他不会愿意为获得额外1单位土地而再分配2单位劳动用于暴力，其他矿工亦是如此。由于每个人都事先知道任何冲突可能造成的后果，因此不会有更多的威胁发生，也不会有更多的矿地进行交换。这个矿工就能够通过OI单位土地和$\bar{L}$单位劳动生产出OMKI单位的黄金。

在检验这个一般均衡解之前，需要对该模型作两点说明。首先，在这个模型中，土地的初始获取与持续维持私有性没有区别。这个区别在后面会很重要，但就目前而言，在该生产函数下，威胁使用暴力将他人排除在外是一种非常彻底的威胁，足以保证土地在整个时间段内的私有性。其次，我假定矿工只能将劳动用于采矿或暴力，除此之外，不存在其他的选择方案。如果是一个更为一般化的理论，比如说，可能会提供给他一个选择来分配一定的劳动时间，以提高其使用暴力的能力。事实上，我在这里假设的是，将劳动时间分配给其他边际（margins）的替代成本是极其高昂的。这点稍后会有更详细的讨论。

一般均衡

到目前为止，将其他矿工排除在一单位土地之外的成本都被认定为一个参数，其值并未在模型中确定。[7]在本节，我们将检验这些成本的决定因素。首先，假设有两名矿工在开采黄金方面具有相同的生产函数，而且在使用暴力方面具有同等的能力。他们在争夺一块有限的同质土地的开采权。图2.2说明了这种情况。

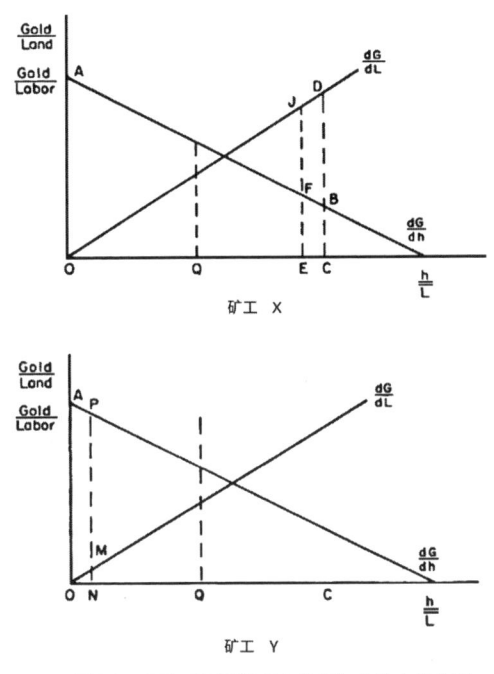

图2.2 两名矿工间的暴力使用与金矿土地分配

假如矿工Y没有出现,则矿工X就可以使用所有可用的土地(OC)和 $\overline{L}$ 单位劳动以生产OABC单位黄金。他可能只愿意分配BC/CD单位的劳动,使Y远离最后1单位土地。另一方面,没有土地的矿工Y愿意使用AO/O单位的劳动,以获得第1个单位土地。由于他们使用暴力的能力旗鼓相当,矿工Y将在任何争夺第1单位土地的冲突中获胜。矿工X损失了1单位土地给矿工Y。实际上,转让过程中并没有使用任何资源——仅仅是使用了暴力威胁。

在这次转让之后，矿工X留有OE单位土地和$\bar{L}$单位劳动。现在X愿意分配EF/EJ单位劳动来保护他的边际单位土地，而Y则愿意使用NP/MN单位劳动将X逐出该单位土地。此时，Y将再次成为赢家。在该假设条件下，只要矿工Y愿意分配比矿工X更多的劳动用于暴力，则Y从连续单位土地中驱逐X的这一过程就会继续下去。而只要Y的土地与劳动之比小于X，他将继续从X那里获得额外的土地。只有当他们的土地与劳动之比相同时，转让才会停止。在这一点上，均衡实现。因为他们在额外单位的土地上都配置了相同的价值，所以任何更进一步的冲突都将会导致平局。在这一均衡点上，每个矿工都拥有相同数量的土地，即OQ=(1/2)OC。

这种方法可以推广到N人经济体中。假设矿工X和Y处于均衡状态，双方都拥有OQ单位土地。此时，第三个矿工Z进入。如图2.3所述，假设矿工Z与矿工X和Y在采矿和暴力方面的能力相同。矿工X和Y各自愿意分配AQ/BQ[1]单位劳动，将其他矿工从1边际单位土地上驱逐出去。矿工Z没有土地，他愿意使用DO/O单位劳动将X或Y拒于1边际单位土地之外。矿工Z将获胜，从X或Y处获得1单位土地。与其他人相比，只要Z愿意将更多的劳动用于暴力，他将持续把矿工X和Y从他们各自的土地上驱逐出去。为了尽量减少暴力的潜在代价，他将从最不愿意使用暴力的人那里获得额外的土地。只有当矿工X、Y和Z都拥有相同的土地与劳动之比时，才能达到均衡。在这里，他们每个人都愿意将PT/PS单

---

[1] 原书为AQ/BA，疑有误，应为AQ/BQ。

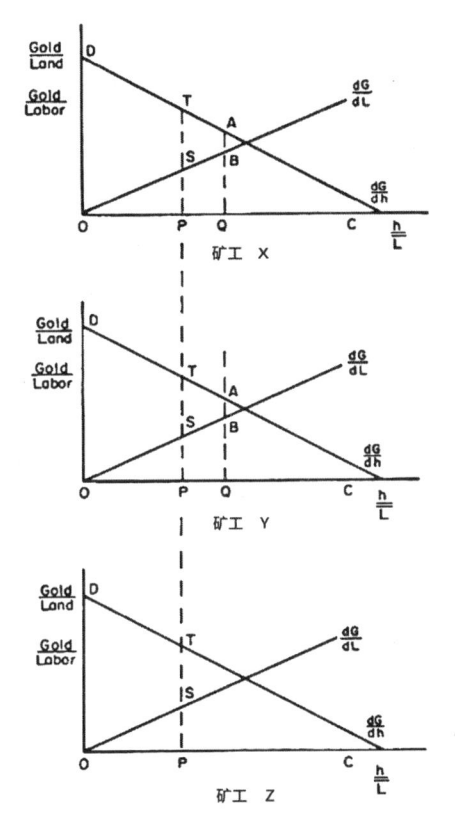

图2.3 三名矿工间的暴力使用与金矿土地分配

位劳动分配给暴力,因此任何额外的冲突都会导致平局。有了OP单位土地和$\overline{L}$单位劳动,每个矿工都将生产ODTP单位黄金。在这些假设下,矿地总量最终将会在相互竞争的矿工之间平均分配。在本例中,矿工X、Y和Z各得到1/3的土地。如果有N名矿工,那么每人将获得总土地的1/n。

非同质投入情况下的资源分配

前几节我们假定,在采矿和暴力方面,劳动是同质的,并且就黄金产量而言,土地也是同质的。在本节中,我们将假定这些投入之间有差异,来研究隐含的资源分配。

首先,我将推出当一个矿工比另一个更善于使用暴力时的均衡条件。假设某块土地只有矿工X和Y在采矿。他们完全相同,土地的产能也一样。这些条件在图2.4中进行了说明。两名矿工都拥有OQ=(1/2)OC单位土地,并正在生产OABQ单位黄金。假设矿工Z在采矿方面的能力跟矿工X和Y一样,但他在使用暴力方面的能力却是矿工X或Y的两倍。根据定义,这意味着Z在使用暴力时的1单位劳动等于其他任一矿工2单位的劳动。土地以暴力威胁的方式转让,直到每个矿工都拥有OP=1/3OC单位的土地为止。这是每个矿工都有相同的能力使用暴力时的均衡状态,见图2.2。但现在,矿工Z使用1单位劳动用于暴力的效率是X或Y的两倍,在土地与劳动之比为OP/$\bar{L}$的情况下,每个矿工都愿意分配PS/PR单位劳动用于暴力,以获取额外的土地。矿工Z最多愿意把相当于矿工X或Y一半的劳动投入到暴力上,到时,他就会停止获得土地。在画出这些边际产量曲线后,最终的分配是,Z获得OT单位土地,X和Y获得OM单位土地。在OT单位土地和$\bar{L}$单位劳动这一点上,矿工Z愿意花费1单位劳动(UT/UT=1)将矿工X或Y从额外1单位土地上驱逐出去。而在OM单位土地和$\bar{L}$单位劳动这一点上,矿工X和Y都愿意花费2单位劳动(DM/NM=2),将其他人

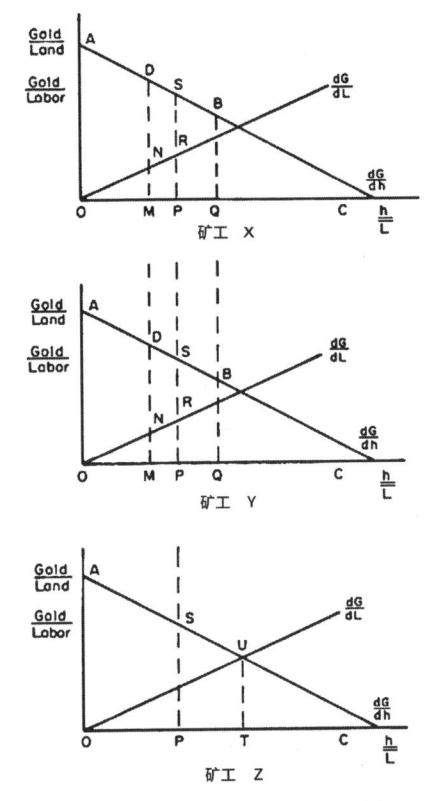

图2.4 由个体暴力能力差异导致的土地分配

拒于1边际单位土地之外。因此,任何冲突都将导致平局,进一步的土地转让也不会发生。总的来说,我们可以得出结论,在所有其他条件一样的情况下,在使用暴力上能力较强的人最终会比能力较弱的人得到更多的土地。但他们不会获得所有的土地。矿工X和Y的黄金产量均为OADM,低于矿工Z的黄金产量OAUT。这个产量上的差异是矿工Z由于拥有较强暴力能力而带来的租金,是不会因竞争而消散的。

这个解似乎显得"无效率"。三名矿工在黄金生产方面的能力都是完全相同的,而且土地也是同质的。通过重新分配土地,让每个矿工得到相等的份额,总产出就能得到增加。这种重新分配土地的方式,将保证边际生产率处处相等。届时,社会产出将达到最大值。矿工Z有更多的土地这一事实,意味着他的土地边际产量比矿工X或Y的边际产量要低。尽管这一切都符合事实,却是毫不相关的,因为在该模型的局限条件下,不可能重新分配土地以获得更大的总产出。任何从矿工Z那里夺走并分配给矿工X或Y的土地,都会立即被Z重新主张。由于所有相关的边际等式都得到满足,这种均衡所隐含的总产出是一个社会最大值,因此解是有效率的。当然,如果局限条件改变,矿工将面对一组不同的选项,这一产出可能就不再是最大了。它不再是均衡,因为最大化者总是在假设的局限条件下追求最大化。这种讨论表明,逻辑上是不可能从基于局限最大化的模型中推导出"无效率"的。[8]

为了说明当一个矿工在采矿上比其他矿工更优秀时均衡条件的变化,假设矿工X、Y和Z各有OP=1/3OC单位的土地(如图2.5所示)。同时假定土地同质,且每个矿工使用暴力的能力相等。现在,假定矿工Z在采矿方面更有效率——这由$\partial G/\partial L$到$\partial G^*/\partial L$的平移来表示。均衡状态不再是OP。由于矿工Z在采矿中的劳动生产率提高了,他将劳动分配给暴力的成本也就增加了。在拥有OP单位土地时,矿工Z愿意分配BP/BP=1单位劳动用于使用暴力,

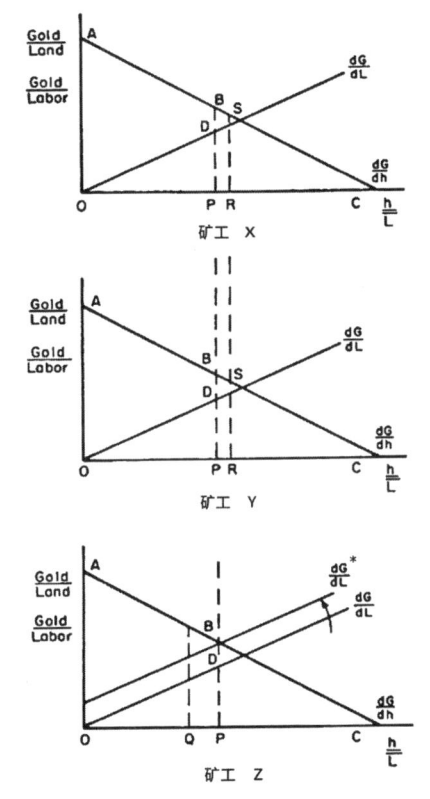

图2.5 由个体采矿能力差异导致的土地分配

以保护他的边际土地。而矿工X和Y则会愿意花费PB/DP>1单位劳动来获得更多的土地。矿工Z会把土地让给矿工X和Y，直至 $(\partial G/\partial h)/(\partial G^*/\partial L_Z) = (\partial G/\partial h)/(\partial G/\partial L_X) = (\partial G/\partial h)/(\partial G/\partial L_Y)$。这发生在矿工Z的OQ处和矿工X、Y的OR处。根据这些土地与劳动之比，他们每个人都愿意将同样数量的劳动分配给暴力，而进

一步的冲突将会导致平局。土地不再进行转让。请注意，生产率更高的矿工最终得到的土地实际上会少于其他矿工。

矿工X和Y在使用OR单位土地和$\overline{L}$单位劳动的情况下，都能够生产OASR单位黄金，这大于拥有OP单位土地时的黄金产量。由于边际产量曲线的相对位置发生了位移，矿工Z的黄金产量变得更加难以确定。我们知道，如果矿工Z的生产率只是跟矿工X或Y一样高，那么每个人都会拥有OP单位土地，并生产OABP单位黄金。然而，当矿工Z的劳动生产率较高时，必须保证黄金总产出更大，才会让他选择放弃一些土地，要不然他宁愿分配更多的劳动来维持原有的OP单位土地。

在每单位土地生产率不相等的情况下，也可以确定均衡条件。假设矿工X、Y和Z在采矿和使用暴力上能力相等。如果单位土地是同质的，则每个矿工的均衡将会处于图2.6中的OP值。个人的黄金产出将为OAQP。假设矿工Z发现，他的土地OP_z比其他土地都要高产。从图形上在OP的那一段，将会出现$\partial G/\partial h$到$\partial G^*/\partial h$的平移。虽然矿工Z的土地生产力提高了，但他将劳动用于暴力来获得额外土地的意愿并没有发生变化，因此，他仍旧处于均衡状态。然而，如今矿工Z的黄金产量为OBDP，比矿工X或Y都高。所以其他矿工愿意放弃自己的土地，来换取矿工Z开采的土地。为简化分析，假设从一块土地转移到另一块土地的决策是一个全部或零（all-or-nothing）的决策。矿工X或Y不可能在保留原始土地的同时，还能从矿工Z那里取得边际单位的土地。如果他们想要得到Z的土地，就必须放弃自己以前的所有财产，还不得不使用暴力威

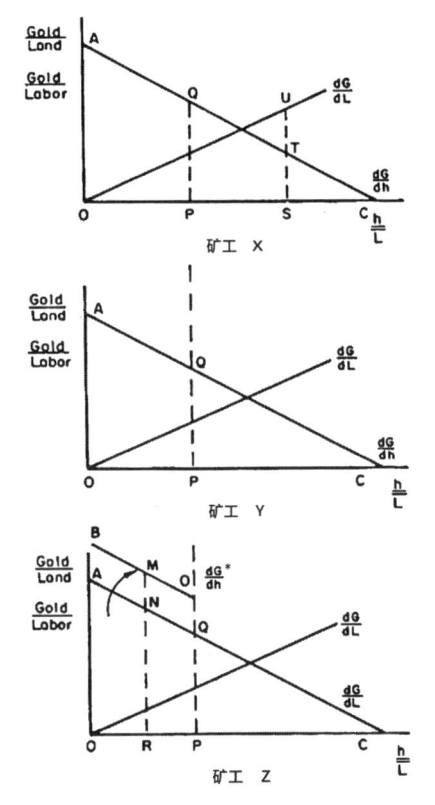

图2.6 由土地生产率差异导致的土地分配

胁来获得一些更加高产的土地。

这一假设并不是为了此处论证的需要才临时提出的。如果不同生产率的土地相隔一定距离，那么劳动从一块土地转移到另一块土地的成本可能会很高，以至于妨碍开采每一块土地中的某些土地。假设矿工Y决定离开他的土地，以便用暴力威胁矿工Z。这将造成两种影响。第一，矿工Y腾出来的土地会留给矿工X，于是矿工X的土地持有量增加到2OP=OS，并使其黄金产量提高到OATS。第二，由于矿工Y和Z具有相同的采矿能力和战斗力，他们将各自获得相同份额的原属于Z的土地，即1/2(OP)=OR。Y和Z将各自生产OBMR单位黄金，我将假定这等于矿工X的总产量。根据这种土地分配方式，没有人有任何激励去做出改变。矿工Y和Z都想要更多的较高产土地；但由于他们都愿意使用相同数量的劳动驱逐对方，所以任何冲突都会导致平局。此外，矿工Y和Z都不会为获得矿工X的部分土地而离开自己较为高产的土地，因为这将导致他们黄金总产量的下降。这是一个均衡状态。拥有较高产土地的个人所得到的土地数量，会比那些拥有较低产土地的个人少。

请注意，此均衡并不满足最初模型中的边际条件。由于矿工X愿意将TS/SU单位劳动分配给暴力，而矿工Y和Z愿意各自将RM/RN单位劳动分配给暴力，因此边际替代率TS/SU与RM/RN不相等。由于全部或零的假设，这个均衡是不同的。相关的决策边际不再是1额外单位的土地，而是额外的黄金产量。为了攻击矿工Y或Z，矿工X必须牺牲他的全部黄金产量。矿工X这么做的前提是：他在这片更加肥沃的土地上的预期份额将会比他目前拥有的土地产出更多的黄金。只要生产率更高的土地给矿工X个人带来的黄金产量超过其他地区的，矿工X就会离开自己的土地来威胁Y和Z。

到这里为止，我一直都认为：在没有任何协议的情况下，解决冲突的唯一途径是威胁或使用个人暴力。在我的假设前提下，通过暴力分配资源是可以推测的。在其他条件相同的情况下，更有能力使用武力的人将会比其他人得到更多的土地。那些劳动生产率较高的矿工将得到较少的土地，而那些在较高产土地上开采的人拥有的土地比在较低产土地上的矿工少。

暴力、消散和合约收益

上一节，我构建了一个模型，它假设：既定数量的个体只有一个生产选项——开采黄金。同时，该模型还假定达成任何形式的协议或合约的成本都高到令人望而却步。在本节中，我们将放松这些假设，每次放松一个，然后推导出隐含的均衡条件。最重要的是，通过这一过程，我们可以得到一群人签订合约，分派个人产权的两个必要条件。

假设有N名同质的矿工，争夺C单位的均质土地。由于签约成本高到让人难以承受，矿工就转而采用暴力威胁。因为每个矿工都清楚知道其他矿工会为暴力分配多少劳动，所以没有资源被用于土地转让。当每名矿工都开采C/N单位土地的时候，均衡就达成了。现在假设在金矿地区以外存在一种经济体制，在这种体制下，签订合约是毫无代价的，所有的稀缺资源都有明确的产权分配。在这一体制下，土地产权的所有者得到的租金等于土地边际产品的价值。劳动（力）从这个体制转移到那些由于成本太高而无法达成合约的矿区，是不需要花费任何成本的。图2.7给出了原先N名矿工新的均衡条件。横轴代表每个矿工的个体劳动投入，纵轴代表劳动的边际产量。在C/N单位土地内开采的劳动边际产量为$\partial G/\partial L$。金矿区外的工资率为WW。每个矿工都会在C/N单位土地投入OL_1单位劳动，并生产出$OABL_1$单位黄金。任何剩余的劳动时间都会在矿场外为工资而工作。

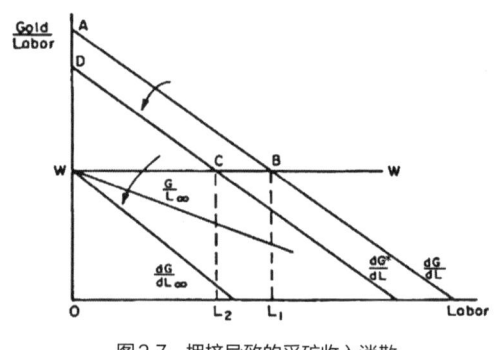

图2.7 拥挤导致的采矿收入消散

这N名矿工的收入都是WAB，高于其他非矿工的收入。因此，在假设没有进出成本的情况下，就会有更多的人转去采矿。假设一个靠工资为生的人被额外的收入所吸引，来到了矿场。他必须使用暴力威胁来获取土地。但是，如果他与原来的矿工完全相同，他可以为自己主张C/（N+1）单位的土地。这会减少N名矿工中每一个所拥有的土地数量，并将图2.7中的劳动边际产量曲线降低到$\partial G/\partial L^*$。每名矿工的新均衡是在$C/(N+1)$单位土地上投入OL_2单位劳动，并产生WDC的超额收益。

只要采矿的超额收入大于零，就会吸引更多打工者到金矿区去。每个同质化的新进入者都可以通过暴力威胁主张相等份额的矿区土地。个人土地持有量将会减少，从而导致$\partial G/\partial L$向左移，直到所有的超额收益消除为止。这将发生在无限多数量的矿工在无限小的土地上投入无限少的劳动时。在图2.7中，$\partial G/\partial L$移动到了$\partial G/\partial L_\infty$。此时，劳动的平均产量$G/L_\infty$等于工资率WW，并且所有源自采矿的剩余收入都已消散。[9]

当然，收入的消散与财富最大化是相悖的。如果每个人都能以零成本与他人签订合约，那么原来的N名矿工就可以贿赂那些靠工资为生的人，让他们不去金矿。[10]因此，让我们在一定程度上放宽矿场中签约成本高昂的假设。现在假定，矿工可以零成本与其他矿工签订合约，将他们的劳动联合起来，使用暴力将非矿工排除在外。但我们仍然假设，矿工与非矿工签订合约的成本过高。如果达成合约，这种矿工合约将标志着产权的出现：协议明确承认个人对其土地的权利，并帮助他维持这些私有权不受任何人的侵犯。

我们现在可以阐述达成这类合约的第一个必要条件。通过签约联合武力来维持私有权，从而获取好处的前提是，在使用暴力方面必然存在规模经济。规模经济意味着，一个人在暴力中提供1单位劳动的效率要低于由两个人提供的1单位劳动（每人各提供1/2单位劳动）。

下面的例子可以证明，想要从签约中获得好处，使用暴力的规模经济必须存在。假设N名原始矿工签订合约，将他们的劳动以暴力形式结合起来，将外人排除在C单位土地中任何一处的开采行列之外。由于土地是平均分割的，所以团体的边际单位土地价值，等于任何单个矿工的边际单位土地价值。由于所有矿工的劳动边际产量都相等，该团体愿意分配给暴力以保护土地边际产量的总劳动，等于任何个人为保护其边际单位土地而使用的总劳动。任何试图获得其第一单位土地的外来者会发现，不管原先的矿工是否达成了合约，这些土地都受到相同数量单位的劳动保护。唯一的区别是，单位劳动不是由一个人提供，而是由整个团体提供。如果没有规模经济，外来者在暴力中使用的1单位劳动仍然等于该团体的1单位劳动，那么他们就可以继续通过暴力威胁为自己主张C/（N+1）单位的土地，最终将导致矿区土地收入的全部消散。换句话说，矿工们没能从合约中获得任何好处。

假如存在规模经济，该团体就可以使用不到1单位劳动的暴力，驱逐一个威胁使用1单位劳动获得额外土地的外来者。对外来者来说，该均衡条件就跟他威胁一位更能使用暴力的矿工的均衡条件一样。他最终将得到更少的土地。在这种情况下，外来者将得到少于C/（N+1）单位的土地。如果外来者获得的土地足以产生超过工资的收入，那么将会有更多的外来者进入。只要他们使用个人暴力威胁，他们得到的土地就会比团体成员少。当外来者的超额收入完全消散后，进入采矿业的行为就会停止。如图2.7所示，此时新来者的平均产出等于工资率WW。但是，最初的

N名矿工比新来的矿工拥有更多的土地。他们将赚取边际内租金（intramarginal rent），这个租金在这些假设下是无法消散的。

只有当外来者对该团体使用个人暴力威胁时，边际内租金才会存在。如果外来者之间能够以零成本签订合约，同样可以实现规模经济。他们通过同意将劳动结合起来使用暴力，就可以消除甚至超越初始矿工的优势。例如，一群外来者可以通过合约将他们的力量联合起来，去威胁最初的N名矿工。假如这两个团体实现同样的规模经济，那么他们使用暴力的能力会相等。其结果将与两名相同的个人在矿区土地问题上发生冲突的结果相同。每个人都能得到相同的份额。每个团体都将获得C/2单位的土地，每个人都将获得C/2N单位的土地。随着每位矿工的土地减少，他们的超额收益也下降了。如果仍然是正数，则其他的外来者会继续进入，直到所有的超额收益都被消散为止。边际内的租金将不复存在，因此，初始矿工从签订合约中得不到任何好处。

这就让我们得出了通过签约联合武力来维护私有权，从而获得好处的第二个条件。"最先"占有某一资源并为其权利签订合约的群体，一定存在某些方面的优势。

产生这种优势可能有几个原因。最先占领某块矿地的人群可能会发现，捍卫他们已占领的土地比接管他人所占领的土地更为容易。尽管假定所有的人在使用暴力的能力上都是一样的，但最初占领土地的人现在有了一个优势。原始矿工提供的一单位暴力比外来者提供的一单位更加有效。即使有这一优势，原始矿工群体也没有理由签订合约，除非还存在规模经济。假如这些规模经济体不存在，外来者只会使用个人暴力威胁。有了这种最初的优势，初始的那些个体就可以拥有超过均等份额的土地。当外来者进入采矿业并将其超额收入降至零时，原始群体中的个人仍然保留了边际内的租金。简言之，签约不会带来任何额外的好处。只有拥有了规模经济，外来者才能作为一个整体来竞争这些边际内租金。为了保护这些超额收入，原始矿工必须签订合约来实现同样的规模经济。

为说明"最先"占领矿地的人群可能存在优势的第二个原因，我们放松签约成本为零的假设。如果实现规模经济的签约成本为正数，那么原始矿工团体和外部团体都将不得不分配稀缺的资源，以达成任何显性协议。原始矿工的签约成本可能比外来者的低。那些"最初"的人组织一个团体来维护私有权的成本要比新来的人要低。虽然签约成本可能高得令人望而却步，但对原始团体来说却不是这样。在这种情况下，新来的矿工必须单独进攻，最终得到的土地将少于原始矿工。假如外来者的签约成本较高，但并没有到达令人望而却步的程度，那么他们就可以作为一个团体发起攻击。然而，新来矿工的收益将比"最初"矿工的收益少，少的这部分数额等于两方签约成本的差额。只有在超额收益（扣除签约成本后的净收益）为正时，新来的矿工才会进入。等到这些净超额收益为零时，就不会有更多的外部团体进入；但原始矿工仍将享有边际内租金，其金额等于他们的签约成本之差。

这种"最初"优势反映在许多法律和习俗中。"产权纠纷十有其九判占有人胜"（possession is nine-tenths of the law）这句老话似乎适用于各种资源。许多政府将矿地的产权授予发现者。排队的权利约定俗成受到尊重，而后来的"插队"者则令人反感，受到谴责。在餐馆里最先占到桌子的人通常会对桌子旁的椅子有一些权利。在谈话中最先发言的人会被礼貌地授予空间私有权，其他人不能打断。女售货员问："谁是第一个？"然后相应地分配他们的服务。[11]

方 法 论

一些经济学家认为，对暴力的研究充其量不过是多此一举。毕竟，同质矿工在均衡状态下拥有相等份额土地的含意，也很容易从竞争的一般性局限条件中推导出来。在这一局限条件下，矿工们将消散全部的超额收入，直到每个人都得到正常的回报为止。由于在本人的模型中所有收入都来自矿地，因此均衡的条件是每个人都拥有相等份额的均质土地。既然这是正确的，那么研究暴力又能得到什么呢？

只要有两个或更多的人试图得到只能由一个人拥有的东西，竞争（从最普遍的意义上讲）就会存在。任何能产生比任意选项更大的收益的行为，都会被财富最大化者所扩大，直到超额收益被消除为止。如果这项活动所需的所有投入都是同质的，那么收入将在竞争对手之间平均分配。然而，当这个含意被放到现实世界中检验的时候，问题就出现了。没有哪两个人在所有方面都是相同的。土地、机器或任何其他投入都是如此。假如一个理论是有用的，则必须具体说明该理论应放在何种条件下进行检验。既然这样，它就应该指出，在任何的投入集中，哪些特征是相似的或近乎同质的。例如，假设要根据个人完成长跑的先后顺序来分配资源，那么推测获得多少的相关特征将是速度和耐力；但如果是在台球桌上进行比赛，速度和耐力可能就不相关了。在没有任何合约协议的情况下，对稀缺物品的竞争必须采取个人暴力或使用武力的形式将潜在占有者排除在财产之外。鉴于在任何时候都存在制造个人暴力的技术，我们就可以确定相关的特征，并推出其他边际上的影响，而不仅仅是从同质投入的均等回报推出。

最后，通过建立一个基于暴力的模型，可以得出产权合约存在的两个必要条件：暴力上的规模经济和最先主张拥有某种资源的优势。如果一份合约被执行，可以推断这两个条件必定满足。有了这一额外信息，就能够推导出更为丰富的关于财产分配和（明确该财产权利的）合约结构的变量含意。这将在后面的章节中完成。

小　　结

最后，让我回顾一下本章提出的论点。为了使产权存在，一些个体必须能够排除其他人使用某件商品或从中获得收入。这种排他能力最终取决于暴力。对于一群个体明确同意分派和维护私有权的任何合约，其成功与否，将取决于该群体所使用或威胁使用暴力的能力。合约要成立，其分派给每个个体的私有产权在价值上必须等于个体通过个人暴力所能得到的。给定个体在暴力和采矿方面的相对能力和土地的相对生产力，这种分配是可以推测的。合约要达成，必须满足两项条件：暴力必须有规模经济；"最初"占有某种资源必须存在某种优势。但仅有这两个条件是不够的。第三个条件是必要和充分的，即如果有正的签约成本，这些成本必须低于收益。这直接源于个人最大化的假设。在第三章，我们将研究那些与建立私有产权合约相关的成本的性质。

第三章
签约成本与产权的出现

在上一章中,我们研究了暴力无成本境况下隐含的资源分配。在某些假设条件下,合约被看作一种在维护私有权方面实现规模经济的手段,从而减少了收入的消散。但是,当我们面临正的但又不至于负担不起的签约成本时,又会发生什么事情呢?这些成本会如何影响签订合约和使用个人暴力之间的选择呢?这些成本又会如何影响合约的选择呢?我们将在本章研究这些问题及其他问题的答案。

资源分配与非零成本暴力

假设

在上一章中,我们假设每个个体都是财富最大化者,他们可以将自己的劳动时间与土地结合起来生产黄金。每个矿工在土地和劳动方面都有一个线性齐次生产函数。由于签约成本高到令人望而却步,因此个人暴力决定了谁会获得稀缺的矿区土地。个人使用暴力的相对能力与第二章所定义的相同,现在我们只是放弃了这个假设:每个人都不需要付出代价(成本),就能知道其他人愿意为冲突分配多少劳动。确定胜利者的唯一方法就是实际使用暴力。假定劳动和黄金是以零成本强制执行的私有财产。

个体解

图3.1描述了采矿中土地的边际产量$\partial G/\partial h$和劳动的边际产量$\partial G/\partial L$。从第二章可知,如果1个边际单位的土地成本是2个单位的劳动,那么个人将继续使用暴力来获取土地,直到$(\partial G/\partial h)/$

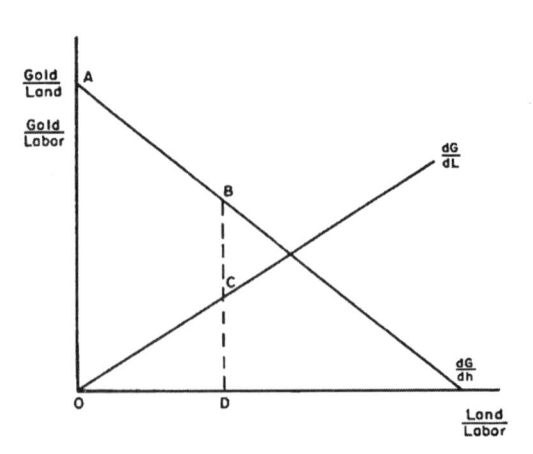

图3.1 正信息成本下的暴力使用与金矿土地分配:个体解

图3.2 暴力的成本：个体解

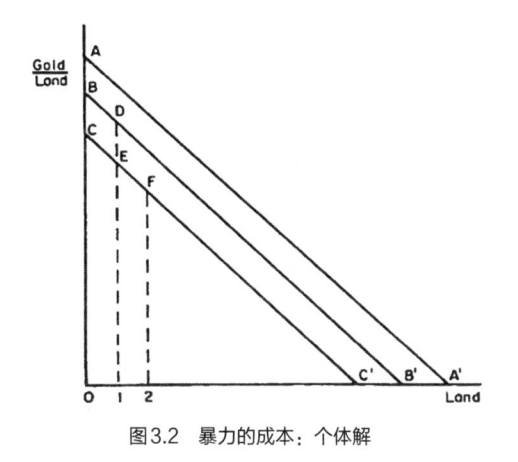

($\partial G/\partial L$)=2为止。这种情况发生在土地与劳动之比为OD时，这时BC=CD或BD/DC=2。在该模型中，个人必须在暴力中实际使用劳动。每一单位土地花费2个单位劳动。通过图3.2，可以更清晰地说明这一点。

横轴代表个人在采矿中所使用的单位土地数量。纵轴代表在黄金方面的土地边际产量。直线AA′是这个人愿意在采矿中所使用的、联合了最大数量的$\bar{L}$单位劳动时，土地的边际产量$\partial G/\partial h$。为了将其他矿工驱逐于1单位土地之外，必须实际使用2单位劳动用于暴力。这时个人只剩下$\bar{L}$-2单位劳动可用于开采1单位土地。直线BB′表示与$\bar{L}$-2单位劳动相结合时的土地边际产量。该矿工的黄金总产出为OBD1。为了获得另1单位土地，他将花费额外的2单位劳动，将$\partial G/\partial h$下移到了CC′。如果他使用暴力获得这第二个

图3.3 采矿或暴力：个体均衡

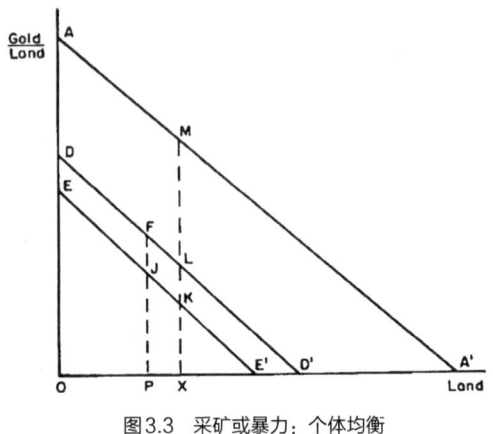

单位土地，他的黄金总产出将会增加到OCF2。这意味着净增加12FE-BDEC。如图3.3中所示，最终的均衡将出现在X单位的土地上。第X单位土地的黄金产出的净增长为PJKX-EDFJ=0。获得第X单位土地的边际成本，等于开采OP单位土地的边际劳动产出乘以用于获取额外土地的单位劳动数量。如果2个单位劳动被用于暴力，则放弃的黄金产量为EDFJ。有了额外的第X单位土地，剩余的劳动可以用来生产额外的PJKX黄金，相当于第X单位土地的边际产量。当PJKX=EDFJ时，额外土地的边际成本等于边际收益。

该解与图3.1所示一致。当土地与劳动之比为OD时，土地的边际产量为DB，劳动的边际产量为DC。如果必须使用2个单位劳动来获取我们的单位土地，则边际成本为2CD，边际收益为DB（等于2CD）。图3.3提供了一些额外的信息。它显示了个人使用暴力将他人逐出矿地的总成本。在这个例子中，获得X单位土地的总成本是EAMK，也可以理解为，在没使用暴力时他本可以生产的产量与其将一些劳动付诸暴力后实际生产的产量之差。他的黄金总产量可达OEKX。

消散

在提出一般均衡解之前，我且先讨论一下暴力的成本。在图3.3中，面积EAMK代表获得OX单位土地私有权的个人总成本。EAMK表示的是因暴力而消散的矿区土地收入。请注意我们比较的两种极端情况。在一种情况下，我们假设不需要任何资源来签订私有权合约，而在另一种情况下，我们则假定签约成本高得令人望而却步。如果达成产权合约没有成本，则直线AA′将代表土地的边际产量。那么，面积OAMX将代表OX单位土地的最高黄金产量。如果达成合约的成本太高，而且实际上使用了暴力，那么EE′将代表土地的边际产量。面积OEKX将是OX单位土地的黄金总产量。OAMX和OEKX之差则是可能被个人消散掉的最大收入金额。[1]

在没有签约成本的情况下，个体可以向其他个体支付不高于EAMK的数额，以避免使用暴力。如果签约成本不是零，每个个体都会尽量减少来自这种非私产性资源的收入消散。他可以通过多种方式做到这一点。例如，假设在他希望开采的每一段时间里，他都必须使用暴力不让他人进入，以维护他对土地的权利，那么，通过减少自己使用土地的时间，他就可以减少使用暴力的成本和由此造成的收入消散。通过加快开采黄金的速度——比独占（排他）无成本时的速度快，他将降低黄金的总产量。因此，某些收入将由于一种价值较低的土地使用方式而消散。如果节省的暴力成本大于因更快的采矿速度而减少的收入，那么他就会这么做。

同样，或许也可以通过使用一组不同的投入来降低暴力成本。有些采矿工具在采矿中使用成本较低，但很容易被偷。为了降低执行成本，可以使用一套不同的工具——一套更容易保护的工具。此外，虽然使用效率较低的采矿工具某些收入会消散，但因此节省的暴力成本可能更大。

除了以一种不同的方式使用非私产性资源之外，还可以通过合约减少消散。例如，他们可以签署合约，同意不使用暴力，并将土地权利分派给个人。不过即便这样，有一些收入还是会消散，因为合约的协商和执行都有成本。或者，假如每个矿工事先知道另一名矿工愿意为冲突分配多少暴力，则暴力行为就会减少。通过携带武器，其他矿工就知道他愿意在冲突中花费多少，从而减少了信息成本。有了这些信息之后，实际发生的暴力就会减少。不过，在这种情况下也存在消散，因为购买枪支、刀、子弹等都有成本。

尽量减少消散的努力，受到替代行动（要么以不同的方式使用资源，要么签约）的成本所约束。可以通过认定或观察，来确定不同行为的边际收益和成本。我们将因此得到隐含在黄金开采、采矿工具选择、武器选择和合约签署方面的资源分配情况。

在本章接下来的两部分中，我将试图解释合约的出现。为简化分析，假定在所有其他边际的替代上的成本是极为高昂的。也就是说，矿工没法改变每段时间的黄金开采率，也没法换成其他工具或其他采矿技术。在使用暴力赶走他人，占有某块土地后，如果不需要任何资源来保持独占，则他将继续用之前的劳动方式开采黄金。同样，在签约方面也不会有可替代的办法。个人暴力的唯一替代办法就是签订一项合约，给每个人都分配对某块土地的私有权。如果有人违反合约条款，所有矿工都将协助确保合约条款的执行。

一般均衡

对个人而言，我们假定他将其他矿工排除在边际土地之外的成本，是一个在模型之外确定的固定数额。为了说明这些成本是如何确定的，让我们假设有2名矿工，他们在开采和使用暴力方面的能力相同。他们正在争夺从数量有限的土地上开采黄金的权利。由于他们不知道暴力对抗的最终结果，因此必须使用资源来决定谁是胜利者。当其中一名矿工认定不再值得为边际土地战斗时，暴力行为就终止。图3.4说明了两名矿工的土地和劳动边际产量。

在每个矿工的土地与劳动之比为OQ的情况下，均衡条件就满足了。在土地与劳动之比为OQ时，矿工X和Y都愿意将QA/QB单位劳动用于暴力，把对方排除在边际单位土地之外。任何冲突都会导致平局。如果两名矿工都预计到获得额外单位土地的成本

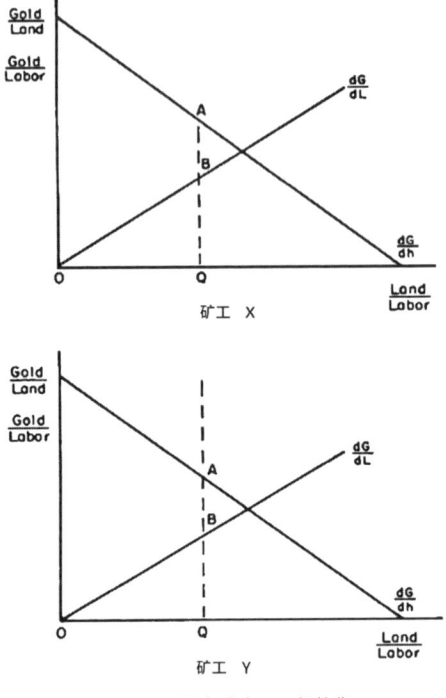

图3.4 暴力成本：一般均衡

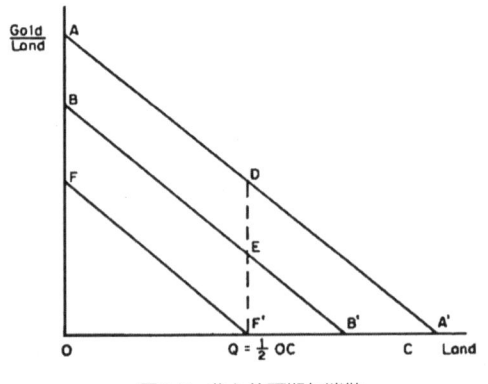

图3.5 收入的预期与消散

至少等于前一单位的成本,则不会发生后续的暴力事件。从图3.5上可以看出,这个假设是必需的。

由于矿工X和Y都有相同的土地与劳动之比,并且分配了同样数量的劳动给暴力,因此每个人都必定拥有相同数量的土地。换句话说,他们会将土地的总量OC,分成相等的部分(½OC)。直线BB′是土地与采用暴力后所剩余的那些劳动联合时产生的边际产量(图3.4中的$\partial G/\partial h$)。在Q点上,边际土地价值对每个矿工来说等于QE,是一个正数。在争夺第Q单位土地的战斗中,每个矿工分配给暴力的劳动,其价值是因此放弃的黄金价值,它等于额外土地的价值。如果他们预期下一单位土地的价值低于第Q单位,那么暴力就会停止,每个矿工都会有Q单位土地。假如他们没有形成任何对额外暴力成本的预期(即没有对额外暴力成本有一个估计),他们就会继续战斗。土地的转让不会发生,但会有更多的劳动被用于暴力。这个情况将一直持续下去,直到$\partial G/\partial h$下移到FF′,额外土地的价值为零。每个矿工仍将拥有Q单位土地,但是暴力的总成本将是FADF′,而不是BADE。

需要注意的一点是,在这个二人模型中,暴力的实际使用不会改变第二章得出的土地均衡分布。每位矿工都能得到均等的份额。这可以一般化到N个完全相同的矿工通过暴力争夺矿地的经济上。在给定假设条件下,均衡必定发生在每个人都愿意分配相同数量劳动以获得额外单位土地的情况下。这将是他们各自拥有相同土地与劳动之比的时候。土地将平均分配给N名矿工。

非同质投入下的资源分配

暴力的实际使用不会改变第二章得出的土地均衡分布。能够更好地使用暴力的个人，仍将获得比其他人更多的土地。为了说明这一点，假设矿工X和Y在开采均质单位土地方面能力相同。如图3.5所示，通过暴力，土地被平分，每个矿工拥有Q单位土地。现在假设矿工X更擅长使用暴力。他在暴力上的一小时劳动相当于矿工Y两小时的劳动。在Q单位土地上，矿工X为获得额外一单位土地愿意花费的劳动，比矿工Y愿意用来保护这一单位土地所花费的劳动要多。矿工X将继续获得额外的土地，直到$(\partial G/\partial h)/(\partial G/\partial L_X) =1/2 (\partial G/\partial h)/(\partial G/\partial L_Y)$为止。矿工X最终会比Y拥有更多土地。通过类似的推理，可以看出，劳动生产率较高的矿工最终得到的土地将比其他矿工要少。

当土地非同质时，均衡分布也与第二章所推导的相同。假设有N个完全相同的矿工，他们通过使用暴力将同质土地分割成相等的份额。其中有一个人——X发现，他拥有的那块土地比其他人的高产。由于拥有这块土地带来了更大的收入，其他矿工试图赶走X，以获取额外的黄金产量。为简化分析，我们假设，倘若其他矿工决定获取矿工X的部分土地，就必须放弃他们目前拥有的全部土地。那么只有当他们能够获得足够的土地，产生的收入（扣除暴力成本后）等于他们目前在低产土地上的收入的情况下，他们才会去攻击X。图3.6说明了这种情况。

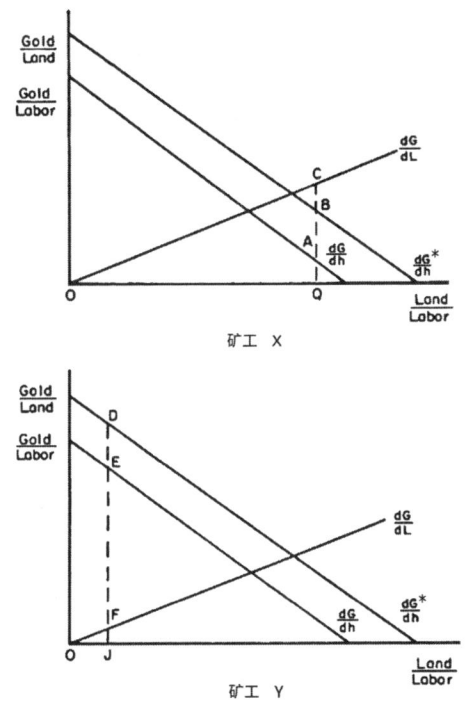

图3.6 暴力成本，非同质土地与财产分配

现在，矿工X拥有全部矿地的1/N，跟劳动结合后，他的土地与劳动之比就是OQ。矿工Y放弃了之前对其劣质土地的所有权主张，对矿工X使用暴力。在被发现产出更高之前，预期的土地边际产量是$\partial G/\partial h$，而$\partial G/\partial h^*$是肥沃土地的实际边际产量。如果Y为保护自身土地而攻击任何其他矿工，他只愿意使用JE/FJ劳动来获得第一个单位土地。由于矿工X的土地价值更高，所以Y愿

意用DJ/FJ劳动来获得第一个单位土地。另一方面，在矿工X的土地生产率提高之前，他只愿意使用QA/AC劳动来保护单位边际土地。现在，他愿意使用QB/QC劳动。如果他们使用暴力的能力相等，矿工Y将通过使用QB/QC暴力劳动将X逐出边际土地。当然，对于这两名矿工来说，当他们平分了矿工X原有土地份额时，这两人的最终均衡达成。在这个点上，两人的土地与劳动之比相等，都愿意分配同样数量的劳动来保护边际土地。

有两点值得强调。首先，较肥沃的土地将以更小的数量被相同的个人占有。当矿工Y放弃原有土地时，他就给其他矿工留下了更多低产的土地，减少了用于分配这片低产土地的暴力，并提高了这片土地上的个人黄金产量。由于矿工X和Y分割那块较肥沃的土地，因此每人只能分到较小块的土地。如果这些小块土地的黄金回报仍然超过较贫瘠土地的回报，则其他矿工将会使用暴力来获取一些肥沃土地。这种再分配会持续下去，直到每一块土地的净收益在任何地方都一样。其次，随着黄金土地价值的增加，将有更多的资源被用于暴力以驱逐他人。随着土地价值的上升，任何个人将他人排除在外的成本，无论是总成本还是边际成本，都将上升。然而，生产力的提高只会通过暴力的增加而部分消散。剩余的产量增加量将由N名矿工平均分配。

现在，区分获取土地的成本和长期保持私有权的成本就非常重要了。由于之前对这一点的分析只考虑了一个时间段（时期），因此这种区别并不重要。然而，在将个人暴力与作为确立和维持矿地私有权手段的合约做比较时，这一区别就显得十分重要。此刻，我们暂且假设矿工永远不会知道：假如其他一切保持不变，那么在每一时期使用的暴力都不会改变土地的初始分配。每段时期他们都是重新开始，重新用暴力决定谁得到什么土地。虽然这一假设稍后会改变，但它有助于说明土地价值与通过暴力获取和维持私有权的成本之间的关系。

图3.7总结了前面章节的一些含意。横轴代表没有暴力成本时土地的黄金产量现值；纵轴代表任何个人获得和维持私有性的总成本现值。由于时间的引入，所有的价值都是现值。[2] 45度直线是每一段时期内所有土地收入都通过暴力消散的点的轨迹。因此，暴力成本的现值等于采矿收入的现值。直线OV代表个人用于排斥其他矿工的资源现值。直线OV的位置是从前面的分析中得到的。它的位置表明，把其他人从没有黄金产量的土地上驱逐出去并不

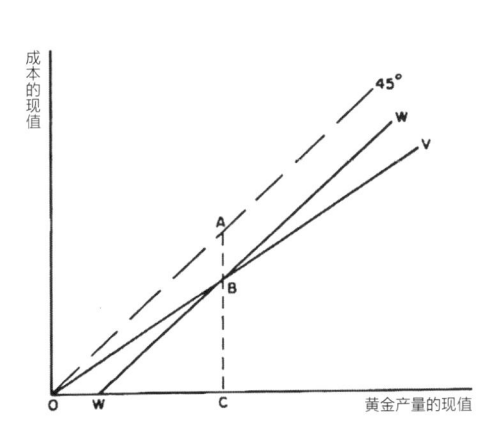

图3.7 暴力成本，消散与私有采矿权价值

需要什么成本。随着潜在黄金产量的增加,暴力驱逐他人的成本上升,因此消散的收入也随之增加。然而,如前所述,在一个有N名矿工的封闭经济体中,并非所有的超额价值都消散了。这意味着,随着个人潜在黄金产量的增加,他将获得额外的收入。例如,如果潜在黄金产量的现值为OC,则暴力成本为CB,每名矿工的净收入为AB。

假如现在向潜在进入者开放矿地,则情况会略有不同。假设任何想要采矿的外人都必须放弃他另谋高就所获得的全部收入,且只要采矿收入扣除暴力成本后仍超过另谋高就的收入,那么他就会进入。由于原始矿工还可以选择离开,在一个以零成本强制执行产权的经济体中赚取工资,因此OV将移向WW;只有当黄金产量的现值升至OW(相当于另谋高就的收入)时,任何人才必须使用暴力来阻止其他人开采土地。假如采矿业的净收入超过OW,新的竞争就会进入——从而增加了维护私有矿地的成本,直到超额价值全被增加的矿工和暴力消散为止。这是假定没有达成任何合约的情况。

通过合约取得和执行私有权的成本

到目前为止,我们一直假定签约成本要么是零,要么高得不可承受。在本节,我们将放宽这一假设,试图了解这些成本的决定性因素。首先,我将把签约成本分成两个单独的组成部分:协同成本[1]（agreement costs）和执行成本（enforcement costs）。

协同成本

人们就合约条款达成一致可能涉及多方面的成本。例如，将大家召集起来需要成本。据推测，这些成本将随着人数和人与人之间距离的增加而增加。此外，在协商过程中也会用到资源。这些成本的规模不仅会受到所涉人数的影响，还受到语言、宗教和个人信仰差异的影响。差异越大，协商成本就越高。在协商过程中，这些个人必须决定如何分派产权。他们可能会选择驱逐所有的外来者，但同时又允许团体中每个成员随心所欲地采矿；他们可能选择任命一位总裁，并允许他在每一时期给每个成员分派工作地点；或选择给每个人一块分派的土地，用以分派私有产权。无论选择哪种制度，他们都必须就财富的分配达成一致。暴力是用合约分配全部财富的一个局限条件，因为没人会接受比通过个人暴力所得更少的合约分配。随着土地价值的提升，每个人都愿意花费更多的资源在协商上面，试图增加自己的土地份额。如果说其他人总是威胁要使用暴力，这一资源增加量可能不大。

图3.8说明了通过合约获得私有权的成本。其坐标轴与图3.7相同。直线AA'代表的是每个人为了让他人通过合约同意一组权利而付出的成本。垂直距离OA表示，无论资源的价值如何，把人们

---

[1] 此处"协同"指协商和同意（达成一致）。

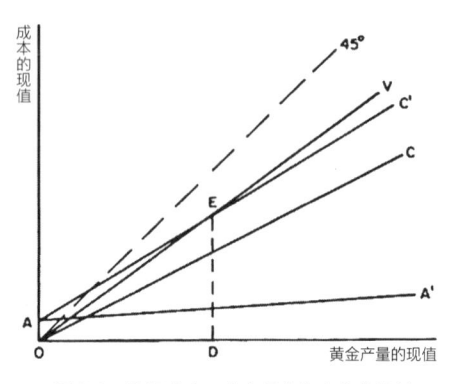

图3.8 执行成本：个人暴力与合约的比较

召集起来都有一些正的成本。随着黄金产量现值的上升，达成协议的成本也会增加，因为每个人都将试图通过协商获得更多的土地，而且会有更多的矿工被吸引到这块相对肥沃的土地上。然而，正如上面提到的，这种成本的增加受到个人暴力威胁的限制，因此可能并不多。这一点由直线AA'^1的小正斜率表示。

执行成本

一旦合约达成（即选了某种分配财富的制度），就需要维护该合约所分配的私有权，这时就存在执行问题。如果一块土地生产的黄金的现值为零，就没有人会分配资源来获取这块地，保有私有权的成本就会是零。随着土地价值增加，每个矿工都有更大的

---

1 此处原文为OA'，疑有误。

激励违反合约，窃取或（用暴力）夺取更多的土地。[3]因此，合约所认定的土地所有者将发现执行其私有权的成本在增加；但是，他按照合约规定来执行土地分配的成本，不能超过他使用个人暴力的成本。因为土地所有者总是可以使用自己的力量驱逐他人，所以通过个人暴力强制执行的成本代表了最大值。如果假设使用暴力存在规模经济（如第二章所讨论的），那么执行私有权的成本将随着资源价值的增加而增加，但不会像通过个人暴力执行的成本那样增加得多。这是因为，在其他条件一样的情况下，价值更大的土地会聚集更多的矿工。鉴于规模经济的存在，假如他们同意联合武力，那么个人的暴力成本不会上升得那么快。结果如图3.8所示。直线OC说明，对个人来说，随着资源价值的增加，执行合约所分派的私有权的成本会随着增加。但随着资源价值的增加，这些成本的增速不如个人暴力的成本OV的增速快。

总签约成本和持续交易原则

我们现在可以说明总的签约成本。它由图3.8中的AC′线表示。这条线只是AA′和OC的垂直加总。它表明，对应于产自一块矿地的黄金的现值，签约成本的现值会是多少。从图中我们可以得到两个显而易见且容易验证的含意。首先，随着产出黄金现值的上升，每个人都会发现，与他人签订合约更有利于他们明确分派和同意强制执行土地私有权。在图3.8中，这种情况发生在D点。在黄金产量达到OD值之前，个人使用自己暴力将他人排除在外的成本较低。[4]随着价值超过OD值,达成合约的成本就比使用暴力低了。因此,随着资源价值的增加,创建资源私有权的合约更有可能被遵守。其次,假如合约允许个人出售土地权利,则这些权利的最大市场价值可以用AC′线和45°线之间的垂直距离来表示。因为忽略了交易权利的成本,所以这就是最大值。随着单位土地的黄金产量的增加,土地的市场价值也随着上升。

暴力的规模经济为签约带来收益提供了强有力的论据。与单打独斗相比,将大家的力量联合起来,可以减少赢得任何特定冲突所需的个人劳动投入。不过,在降低相对于个人暴力成本的签约成本方面,或许还有一个更为重要的因素。我称之为"持续交易原则"(principle of continuous dealings)。[5]这一原则只是指出,在其他条件相同的情况下,两个或更多个人共同工作的时间长度与他们之间达成和执行任何合约的成本负相关(inverse relationship)。这一原则适用于过去和预期的未来工作。采矿模型可以轻易证明这一点。假设有几名矿工在某一特定地区采矿。每隔一段时间,他们就会互相使用暴力来决定谁可以得到什么样的土地。如果没有其他任何变化,土地的最终分配将不会发生改变。假如个人认识到这一点,那么联合起来并同意不使用暴力的成本可能更低,因为后者只会改变收入流的规模。同样,当个人认识到土地分配模式的这种重复,通过合约给每个人分配土地的成本就会更低。最后,如果矿工想违约并转而使用暴力,那么他不仅要考虑该行为在目前的收益和成本,还必须考虑其未来收益和成本。当我们延长一名矿工想与另一名矿工合作的时间时,我们就提高了避免暴力所获收益的现值。如果一名矿工违反合约，从另一名矿工手中夺取土地，则他现在可以预见到：未来的暴力行为将调整这一临时重新分配的土地，而且由于违约，未来的暴力成本会增加。换言之，只要合约长期存在，就会有一个内置的强制执行机制。随着时间的延长，任何个人违约的成本都会增加，用于执行协议的资源将会减少。

这种持续交易原则解释了，为什么合约条款在未来交易的预期降低时会发生变化。例如，电话公司通常要求客户在安装电话之前存入现金押金。这笔押金是用来支付已停机的电话费的。显然，只要未来还有电话服务需要，消费者将支付他的电话费，否则将会受到停机的惩罚。如果消费者即将离开该地区，未来还用不用没法预料，那么他支付的动机就会减弱。当未来没有更多的交易发生时，预付押金就是一种补偿预期执行成本上升的方法。同样地，即使学生欠图书馆罚款之类的钱，许多私立大学还是会发布学生的成绩和成绩单。如果学生是即将毕业的高年级学生，他们对未来交易的预期就会降低。这种学生支付罚款的积极性较低，因此学校就会保留他们的成绩单，直到合约条款得到满足为止。现实中，这类合约规定非常多。它们证实，持续交易会降低执行成本。

这一原则的采用，将对选择个人暴力还是合约产生若干影响。首先，我觉得这一原则是原始矿工相对外人的一大优势来源。因为他们在一个地域内一起工作，所以只要通过暴力，他们就会被迫互相交易。正如我们所看到的，这种持续的相互作用不仅降低了他们签约的绝对成本,还降低了相对成本,即相对于试图以暴力获取其部分土地的外来者而言的签约成本。其次,土地生产率提高,可能意味着:每一时间段黄金产量增加了;或者,给定土地每一时间段的产量不变,可持续产出的时间变长了;或两者都有。假如由于收入流的延长而使黄金产量的现值增加,那么这一原则将有助于减少签约矿工的执行成本。图3.8中的直线OC和OC′就不会那么陡峭。可以看出,这项原则的两个效果都能让合约成为比个人暴力更有吸引力的替代办法。

除了暴力的规模经济和持续交易原则,还有许多其他因素会影响合约和个人暴力的选择。例如,一旦通过合约分配了私有权,交易就成为可能。假如没有对资源的私有权,交易是不可能发生的。交易使得专业化成为可能,特别是在采矿和使用暴力方面。根据比较优势理论,通过专业化,黄金产量会增加,而暴力成本会降低。

在这一节中,我们考察了达成原始合约的成本。在这里,"原始"的意思是,在这种合约之前不存在约束个人选择的协议。这种合约被认定为一种非常普遍的形式。它必须规定,个人之间不准使用暴力,除非是作为对违反合约的惩罚。因为暴力不会被用来解决团体成员之间的冲突,所以必须就谁有权利拥有什么(在这里,要么是黄金,要么是矿地)达成某些协议。最后,为了维护这些私有权,合约必须规定允许对外来者使用暴力。鉴于该合约结构的一般性,对成本的讨论仅限于那些不太具有特殊性的性质,比如协同成本、执行成本、规模经济和持续交易原则。下一节，我们将更为详细地说明替代性合约的特殊结构。通过这样做，我们可以明确与每种合约类型相关的特定成本，进而推测不同条件下的合约选择。

合约的选择

在开采金矿案例的框架内，随着土地价值的上升，一项涉及私有权分派的合约就会出现。[6]下一个要问的问题是，哪种类型的合约会被选择？为简化分析，假设只有两种合约可供矿工选择。第一种我称之为分成合约（sharing contract），第二种是土地分配合约（land allotment contract）。[7]

分成合约可能采取以下形式。一群矿工主张拥有某块特定土地的采矿权。他们之间形成合约，同意联合力量驱逐外来者，并惩罚任何违反规则的成员。没有人被赋予开采任何一处特定土地的私有权。相反，每个人都要在规定时间内完成他想要开采的那块土地的工作。在这段时期结束时，每个人发现的黄金都汇集在一起，按照某种方式分割，在所有签约方之间重新分配。每个矿工通过公式分配得到的收入，都必须不低于通过个人暴力所获得的。

土地分配合约是矿工们达成的一种协议，为每一成员分派开采某一特定土地的私有权。矿工团体将对一定数量的土地主张私有权，并同意将他们的劳动联合起来以驱逐外人。然后，这片土地将会按某个公式进行细分,并分配到矿工个人。如果合约将某块土地分派给某个矿工,那么在这块土地上发现的所有黄金都属于这个矿工。任何人,只要侵犯了某个矿工在其所分土地上的权利,都会受到团体的惩罚。

与分成合约相关的成本可分为四类:黄金计量成本、黄金分割成本、强制执行私有权的成本、卸责成本。我用"卸责"(shirking)一词来指规避履行合约条款,特别是规避协议对劳动投入的要求。测量纯金的成本并不高,一套简单的天平就可以准确确定重量和价值。然而,黄金是以天然块金形式被发现,通常与其他矿物混合在一起,因此,测量价值及随后的分割的成本会更高。私有权的强制执行将在两个方面产生成本:防止外来者主张对团体土地的所有权(这点我们已经讨论过);不让内部人私藏黄金躲避分享。考虑到每盎司[1]黄金的价值,这第二项成本可能很重要。由于少量黄金的相对价值更高,而且很容易被藏匿,因此强制分享的成本可能很高。最后,由于矿工总要拿一些黄金出来共享的,因此,每个矿工留给自己的黄金肯定少于他发现的黄金。因此,对个人而言,不管他将做出怎样的工作—休闲决策,他的休闲成本,都低于他把所有黄金都留给自己时的休闲成本。结果就是,他会卸责,让别人去工作。而要减少卸责,就必须使用某些资源。

土地分配合约也有类似的成本组合。土地必须经测量并在矿工之间进行分配,然后私有权还要被执行。虽然这两种合约在驱

---

[1] 1盎司约合28.350克。

逐外人开采方面都有成本,但土地分配合约可能在成员违约方面的成本会更低。这是因为,土地的特性决定了,想藏匿任何价值的数量都不容易。土地的物理边界可以轻松界定、标记,这样就可以较低成本发现侵害行为。一个矿工侵犯了另一个矿工的地界,查明这件事的成本比寻找私藏黄金和强制执行分成合约要低。最后,这份合约没有与采矿投入相关的卸责问题,因为每个矿工都保留着各自生产的全部黄金。

从上述讨论可以得知:如果土地分配合约能让签约成本最小化,按道理人们总会选择这种合约。然而,现实中为什么会采用分成合约呢?

黄金并不是均匀分布在地壳之中的。即使在富含黄金的土壤中,不同立方英尺[1]间的矿物含量差异也非常大,而且很难预测。因此,在土地分配合约下工作的矿工可能会"破产",而邻近的矿工则会"致富"。通过分享实际的黄金产量,矿工的收入差距会减少。假如在平均收入相同的情况下,采矿者偏好较低的收入差异,而非较高的收入差异;且两种合约的签约成本相同,那么矿工总是会选分成合约的。

在这两种合约之间做选择,必须同时考虑收入差异和签约成本。假如可以确定某种可观测变量对收入差异或签约成本的影响,合约的选择就变得可推测。例如,已知一群矿工所面临的黄金分布的差异,团体规模的扩大将会如何影响合约的选择?

1　1立方英尺约合0.028立方米。

在分成合约中，由于将有更多的矿工汇集他们的黄金，因此我们可以预期，与计量和分割相关的成本将会比以前略高。分成安排的执行将会带来更高的成本，因为关注的矿工更多了。成本中增加最明显的就是执行工作要求。假如团体规模只有10人，那么每个人都可以保留他所发现的黄金的10%；但是，假如规模是100人，那么每个矿工只能保留他所发现的黄金的1%。每个矿工的休闲成本都在下降，那么可以预料，减少卸责的成本会增加。

就土地分配合约而言，由于土地现在将不得不分割给更多的人，因此这些成本很可能会增加。随着团体规模的扩大，土地权利的潜在侵犯者会越来越多，在此边际上执行的成本将会上升。我怀疑，侵犯土地权利的行为比私藏黄金更容易被察觉。虽然在更大的群体中，土地分配合约需要强制执行的个人矿地更多，但我认为这些成本不会像执行分成合约的成本那样升得这么快。最后，如前所述，土地分配合约不存在与采矿投入相关的卸责问题，因此在这方面没有成本增加。由此我得出的结论是，随着团体规模的扩大，分成合约的签约成本将比土地分配合约的签约成本上升得快。

假如接受这一推理，就会发现，随着团体规模的扩大，分成的成本会上升，减少收入差异的成本会更高。对于任何给定的收入差异，随着团体规模的扩大，我们应该会观察到分成合约变少，土地分配合约变多。这一含意将在后面章节检验。

这一含意可以一般化，用于前面对随土地价值上升而出现产权的分析之中（图3.8）。我们的结论是，随着土地价值的增加，暴力作为一种决定私有性的手段，将被合约所取代。更为重要的是，随着土地价值上升和人口增加，产权将逐步由社区分成安排（communal sharing arrangement）转变为个人对土地和其全部收益享有私有权的土地分配合约。

到目前为止，我只是粗浅讨论了通过合约分派给个人的土地私有权的性质。在上述例子中，可供的选择就两个：给予矿工拒绝他人进入某一特定土地的权利；或不允许排斥他人，但要求有分成安排。不过，至今没提到的选择还有很多，比如将土地丢给他人，或用于采金矿之外的其他用途，甚至将权利卖给别人。与此相关的问题，只有在对加州淘金热期间矿工所面临的实际局限条件进行仔细的实证研究之后，才能得到答案。

小　结

在选择理论框架内进行考察时，产权的出现可分为三个独立的决策：首先，个人必须在个人暴力与作为一种确立私有性手段的合约之间做出选择；如果选择了合约，那么接下来他们就必须决定哪些人将被授予对资源的私有权；最后，他们必须决定授予哪些权利。本章所构建的模型，考察了个人在每一个决策范围内所面临的相关选择，并产生了可能被事实推翻的含意。这些含意，以及与合约结构的特定性质有关的其他含意，将在第二部分中检验。在转向实证研究之前，我们先考察产权概念的历史演变，并将前几章的经济模型与其替代方法进行比较。

第四章
经济学中产权概念的演化

早期的发展

本文所描述的产权与合约的关系并不是一个全新的概念。早在两千多年前,希腊哲学家就讨论过"原始契约"(original contract),即个人一致同意限制自己的行为,并尊重他人的私有产权。他们认为,这些权利是由原始契约所形成的某种权威或"国家"决定的。在这一概念最初发展的1600年间,原始契约通常被视作与上帝的契约。因此,所有产权都是"自然的"或上帝赋予的,不应受到凡人的质疑。由于它们的神圣起源,所有的产权都必须得到尊重;这是人类的基本义务。[1]

1651年,托马斯·霍布斯的《利维坦》出版。这是对主流社会契约理论的重大突破。霍布斯认为,人并非天生就是好人、坏人或政治人物。有着无穷无尽欲望的人类,是一个最大化者。

> 欲望终止的人,与感觉和想象力停顿的人同样无法生存

下去。幸福就是欲望从一个目标到另一个目标持续不断地发展，达到前一个目标不过是为后一个目标铺平道路。所以如此的原因在于，人类欲望的目的不是在某一瞬间享受一次就完了，而是要永远确保达到未来欲望的道路。[2]

考虑到人类的贪婪倾向，当两个或两个以上的人想要得到同样的东西，但只有一个人能拥有的时候，竞争就无可避免。对霍布斯来说，唯一的自然权利是每个人都有权使用自己的身体力量。在没有任何协议的情况下，人类必须与他的邻居一起生活在一种持续的"战争"状态中。"这样一种状况还是下面情况产生的结果，没有财产，没有统治权，没有'你的'和'我的'之分；每一个人能得到手的东西，在他能保住的时期内便是他的。"[3] 霍布斯清晰论证了这种战争状态下财富的损失：

> 在这种状况下，产业是无法存在的，因为其成果不稳定。这样一来，举凡土地的栽培、航海、外洋进口商品的运用、舒适的建筑、移动与卸除需费巨大力量的物体的工具、地貌的知识、时间的记载、文艺、文学、社会等等都将不存在。最糟糕的是人们不断处于暴力死亡的恐惧和危险中，人的生活孤独、贫困、卑污、残忍而短寿。[4]

要摆脱这种"战争"和消散状态，唯一的出路只能是通过签订契约。根据霍布斯的说法，每个人都必须"放弃"他对任何物品的权利,并同意不妨碍另一个人享受这一物品。一个人"放弃"他的权利——即将其转让给另一个人,"是为了换取由对方回让给他的某些权利"。"权利的相互转让就是人们所谓的契约。"[5]请注意这句话的精确措辞。霍布斯正确认识到:交易是物品权利的转移,而不是物品本身的转让。这一点在今天却经常被遗忘。还请注意,在第98页中,霍布斯说,契约的条款或"一切立约议价的东西,其价值是由立约者的欲求来测量的"。在这份原始契约中,每个人都放弃了他对某些物品的所有权主张,这样,另一个人就"有权不让其他人使用这些物品"。[6]通过这一原始契约,建立了财产的私有权。

霍布斯意识到,财富最大化的个人有违反契约的动机,因此必须提供一些强制执行机制。

> 前面已经指出,语词之力太弱,不足以使人履行其信约,人的本性之中,可以想象得到的只有两种助力足以加强语词的力量:一种是对食言所产生的后果的恐惧,另一种是因表现得无需食言所感到的光荣或骄傲。后者是一种极其少见而不能作为依据的豪爽之感,在追求财富、统治权和肉欲之乐的人中尤其罕见,偏偏这种人却占人类的绝大部分。可以指靠的激情是畏惧。[7]

这种强制执行机制或强制权力必然会提高个人违反契约条款的成本。

> 如果所施加的损害小于犯罪后自然产生的利益或满足时，则不属于这一定义的范围。这与其说是罪行的惩罚，倒不如说是罪行的代价报酬或补偿。因为惩罚的本质要求以使人服从法律为其目的；如果惩罚比犯法的利益还轻，便不可能达到这一目的，反而会发生相反的效果。[8]

对霍布斯来说，产权是一种契约性协议，这种协议分配了个人在使用特定资源时不受他人干涉的权利。协议通过后，个人选择约束自己的行为。不过，这些协议只有在群体有能力执行的情况下才有效。《利维坦》中的产权概念与本书前几章所阐述的概念极为相似。

霍布斯关于力（force）在确立个人权利方面的独特性的观点，至今仍被大多数政治哲学家排斥。他到现在都被认为是一个与主流社会契约理论完全脱节的激进分子。[9]

1762年，让-雅克·卢梭发表了他的主要著作《社会契约论》，这本书被许多人认为是社会契约理论的顶峰。虽然卢梭不同意霍布斯的"强权即公理"（might makes right），却为我们理解与原始契约相关的成本做出了重大贡献。他说："正是个人的剩余才提供了公家的所需。"[10]1 只有当个人满足了某些私人需要时，他们才会把资源用于为团体提供物品。虽然他的经济学是有问题的，

---

1 本书《社会契约论》引文均采用商务印书馆何兆武译本。

但这使他得出结论：在资源几乎或根本没有经济价值的情况下，很可能不会达成一份规范资源使用的契约。

> 凡是贫瘠不毛的地方，产品的价值抵不上劳动的，就应该任其荒废，或者是只由生番来居住。人们劳动的所得刚刚能维持需要的地方，应该是由一些野蛮民族来居住；在那里，一切典章制度都还是不可能的。[11]

形成社会契约需要使用稀缺资源。这些成本可归因于三个主要因素：语言、宗教和习俗。由于契约需要双方或多方一致同意才能成立，那么沟通就非常重要。签约各方语言差异越大，签约成本就越高。同样，如果契约各方宗教信仰差异很大，那么达成协议可能需要付出高昂的成本。最后，团体的习俗如果与合约条款不同，强制执行的成本会更高。[12]

从霍布斯和卢梭，可以拼凑出一套相当完整的私有产权创建理论。在没有任何协议的情况下，权利由个人暴力和武力决定。在这种情况下，许多潜在的收入消散了，这些收入本可以通过与他人签订合约，授予财产的私有权来获得。然而，要达成和执行合约，成本也是高昂的。考虑到这些成本，签约带来的收益将随着成为私有财产的资源价值的增加而增加。虽然他们的结论不是通过一个定义明确的理论得到，但他们关于产权起源的洞见非同寻常。

产权与外部性

卢梭之后,社会契约理论受到冷遇,产权、契约和国家之间的关系被遗忘或忽视了近200年。[13]后来,这种关系被外部性相关文献引入现代主流价格理论之中。

外部性概念的起源,或许可以追溯到庇古的著作《福利经济学》。[14]在定义了社会边际净产量和私人边际净产量之后,庇古讨论了几个案例,在这几个案例中,这两个量可能会出现分离。庇古试图证明,私人和社会边际净产量的差异将导致对成本曲线上升的行业的过度投资。为阐明他的观点,庇古假设有两条连接相同两个地点的公路,一条佳路一条劣路。劣路很宽阔,可以让任何或所有车辆通过而不拥堵,但并不平坦,行驶起来很颠簸。佳路则平坦得多,但很狭窄,承运能力有限。如果大量卡车司机使用这两条公路并可自由选择,那么均衡就会导致佳路的"过度使用"。这意味着每个司机都会使用佳路,直到出现拥挤和拥堵,收益减少到与劣路相比没有优势的那一点。根据假设,劣路没有拥挤问题;因此,如果一辆卡车从佳路转移到劣路上来,对这辆边际上的卡车或以前任一使用劣路的卡车来说,成本都不会有任何变化。现在,佳路上的拥堵会减少,这样使用佳路的卡车司机就会得到净收益。换言之,根据庇古的说法,与司机个体自由选择的分配结果相比,强行将卡车从佳路重新分配到劣路,会给社会带来净收益。因此,庇古建议政府可以对佳路的使用者征税,以此作为另一种强制重新分配的手段。现在,每个司机都会使用佳路,直到拥挤成本加上税收等于佳路净收益那点才不再使用。随着使用佳路的成本增加,使用佳路的卡车会减少。这一税率可以提高或降低,直至这条佳路能被最有效地使用。

弗兰克·奈特(Frank H. Knight)回应了庇古的例子,他在《社会成本阐释中的一些谬误》("Some Fallacies in the Interpretation of Social Cost")一文中准确阐述了私有产权在资源分配中的作用。[15]

> (庇古的例子)实际上表明,如果没人拥有优等(公路),会发生什么情况。但是,在私人占有并利用道路追求私利的情况下,事情的发展将截然不同。事实上,所有权的社会功能正是防止这种(对佳路的)过度(使用)。[16]

跟奈特一样,我们假设有人拥有庇古案例中的道路,并租用卡车使用这些道路。图4.1和图4.2说明了这个问题。在图4.1中,

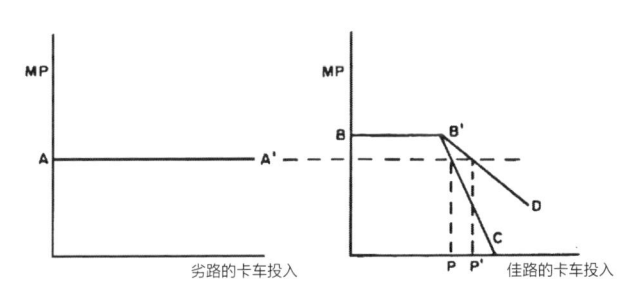

图4.1 不拥挤情况下卡车投入的边际产量

图4.2 拥挤情况下卡车投入的边际产量

横轴度量的是道路所有者在劣路上使用租用卡车的数量。纵轴度量的是每个连续的卡车投入的边际产量。由于我们假设劣路不拥堵，于是乎有一个固定的边际产量，因此，直线AA'是水平的。在图4.2中，横轴度量的是佳路的卡车投入，纵轴度量的是它们的边际产量。直线BB'C表示卡车投入的边际产量。根据假设，BB'C最初位于直线AA'上方，当拥挤发生时——即在B'时，它开始下降。卡车的平均产量为BB'D，也是在B'点下降，但下降速度不像BB'C那么快。[17]为了让其财产产生的租金最大化，道路所有者只有在佳路的边际产量比劣路高的情况下，才会在佳路上租用卡车。当在佳路上增加一单位卡车投入，但总产出的增加低于它在劣路上所能获得的收益的话，劣路就会被使用。换句话说，均衡发生在图4.2中的P点——这时使用佳路的租值是最高的——而不是如庇古所暗示的P'点。[18]

许多经济学家显然没有注意到奈特的贡献。甚至庇古也没有对批评做出回应，而是选择从后续版本的书中删除这个例子。他保留了其余大部分关于私人成本和社会成本分离的例子，在其后30年里，经济学家将其列入外部性清单，到最后，例子数量变得无限大。[19]

1960年，罗纳德·科斯（Ronald H. Coase）发表了《社会成本问题》（"The Problem of Social Cost"）。[20]对大多数读者来说，该文的主要贡献是让他们了解到后来被称之为"科斯定理"的思想，即产权初始分配与资源配置一般不相关。这个定理其实是一个更具一般性命题的含意，而对我们来说，这个命题更为重要。个人对资源的所有权，或私有产权，使所有者在使用其财产时承担全部经济后果。假如不存在签约成本，且所有经济物品的私有权和转让权都得到界定和分派，那么个人使用其财产给所有其他财产价值带来的经济收益和损失，就都将由他一人承担。这可以看作是奈特论点的延伸，即如果满足这两个条件，私人成本和社会成本就不会有任何分离。

科斯还做出另外两项贡献，只不过这些贡献在文献中经常被忽视。他首先提出生产要素应该被视为权利而不是物质资源。产权是一种局限，从这方面来说没有任何权利是无限制的。当我买一辆汽车时，我实际上是购买了某些权利或一组我（作为所有者）有权选择的用途。如果使用汽车的权利是无限制的，其他任何人就不会有产权。我可以用汽车伤害或杀掉任何人——除非他们付钱给我，让我不那样做；而且照这么做，我就能剥夺其他人的产权。除非在生产过程中有使用土地的权利，否则土地不是生产要素。在金矿开采案例中，当一个人有权以这种方式使用土地时，土地才能算采矿的一种投入。

其次，科斯对作为实证科学的经济学提出了一般性的方法。显然，在庇古的影响下，许多经济学家采用了一种将经济行为模型与某种理想化的制度进行比较的方法。当模型产生的结果与理想制度不同时，他们（指经济学家）就会向"修正力量"（通常是政府）提出建议。通过关注资源分配的局限条件——法律结构和交易成本，科斯将我们的注意力引向了另一组完全不同的问题。为什么产权是按现在这样子分配的？与给定的权利分配相关的交易成本是多少？这些成本与权利的重新分配的成本有何不同？重新分配权利的成本是多少？为何有些资源不是私有财产？[21]在就所谓的市场失灵提出任何纠正政策建议之前，我们必须先问一问：市场为何会失灵？作为市场的替代品的实际成本又是多少？[22]

最近，张五常对奈特和科斯的成果作了一些重要的扩展。鉴于没有私有制，奈特接受了庇古在道路例子中提出的均衡。从直觉上看，这个方案是可行的。然而，当试图从一组明确指定的局限条件中推导出这一均衡条件时，问题就凸显了：为什么财富最大化的个人在提供某种投入时，总要到该投入的平均产量等于它放弃的替代产量才停止？这意味着该投入的边际产量将低于其另作他用可赚到的。斯科特·戈登（H. Scott Gordon）曾给出一种解决方案，但经过仔细研究，这个方案有很大的问题。如果我们接受戈登的解决方案，我们就必须抛弃大部分现代价格理论。按他的说法，"渔夫……不关心边际生产率，而是关心平均生产力"。[23]个人根据他们的平均产量做决策，而不是根据财富最大化所含意的边际产品做决策。当然，假定戈登的断言是对的，我们很容易得出一个均衡，在这个均衡点，平均产出等于放弃的工资。我们很难理解为什么戈登认为他有一个公共财产资源理论，因为根据他的假设，无论财产公共还是私有，任何资源的收入都会被完全消散掉。

在《合约结构与非私产理论》（"The Structure of a Contract and the Theory of a Non-exclusive Resource"）一文中，张五常能够在给定个人财富最大化、预期工资局限，以及资源使用的排他性权

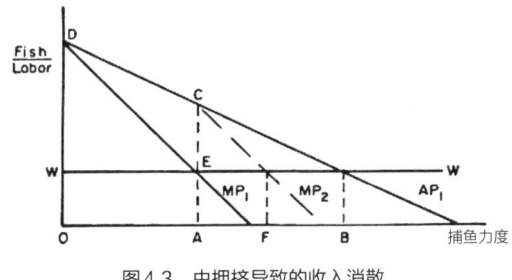

图4.3 由拥挤导致的收入消散

利缺失的条件下，推导出正确的均衡条件。图4.3以张五常的海洋渔场为例，帮助我们理解这一理论。横轴代表对固定数量渔场施加的捕鱼力度（fishing effort，捕鱼作业量）。纵轴代表单位劳动产出。直线WW是渔民放弃的工资价值。MP_1和AP_1分别是从生产函数得到的边际产量和平均产量，并假定它们是线性的以简化分析。第一个渔夫会在渔场上使用OA单位的劳动力度。这与个人财富最大化是一致的。该渔夫将获得相当于WDE的剩余收入，这超过了他做其他工作的收入。这种剩余收入的存在将吸引其他渔民进入。如果第二个人进入渔场，他会感觉到自己的MP曲线就是MP_2曲线，并且只要他的MP_2大于放弃的工资，他就会施加劳动。最后，他会付出AF单位劳动。由于第二个渔夫对资源的使用，第一个渔夫的MP会下降，并相应地减少他的劳动投入。这将提高第二个渔夫的MP_2，后者因此增加了投入。此过程将继续进行，直到每个人都提供相同的投入，并且两人的劳动投入合起来等于$\frac{2}{3}$OB。这个过程中，有两点要注意。这个过程导致一个低于工资率的社会边际产出，并导致当另一个人进入时，原先个体的捕鱼力度就会减少。只要任何剩余的收入都能吸引更多的捕鱼力度，这一进程就会继续下去。最终这个过程结束于OB，这时AP等于WW，所有归属于非私产性资源的收入都已消散。

除了理清无私有权下资源使用的理论解之外，张五常的解决方案对本研究还有更重要的意义。如果个人或群体能够减少使用公共资源的人数，他们就可以获得部分剩余收入。张五常还谨慎指出，这一结论要成立还有一重要的限定条件：所有其他边际的替代成本高得令人望而却步。当资源使用没有被分派私有权时，消散可能发生在多种边际上。在他的渔业例子中，张五常将拥挤作为导致消散的唯一维度，以此对该问题进行约束。假如没有这种约束（局限条件），渔民有可能用更快的船只替代原先的渔船，以此甩开其他潜在渔民在公海捕鱼。这将导致捕鱼成本提高，或捕鱼力度边际净产出减少。结果是，消散甚至会发生在拥挤之前。[24] 张五常指出，所有的收入都有可能在捕鱼前就消散了。

在最近一篇文章中，张五常拓展了他对非私产性收入消散的分析。从某种经济意义上讲，消散是一种浪费，因为避免消散可以增加所有各方的财富。给定个人财富最大化假设，这种消散必须是局限条件下的最小值。因此，张五常提出以下主张：

> 当没有界定权利的收入出现，导致这收入倾向于消散，有关的参与者有意图在局限条件下将消散最小化。这可能通过选择物品或资产的其他用途，使物品或资产的价值下降得

最少，或通过合约安排的转变，使约束使用的交易成本上升得最少，或是这二者的合并。[25]

这一主张对本文所采用的方法论有重大影响。它迫使研究人员审查决策者在使用非私产性资源时所面临的实际替代选择以及实际的局限条件。这一分析将有助于确定资源使用的相关边际。一旦确定了这一边际条件，仔细说明与此边际行为相关的收益和成本，就会产生理论上的均衡和实证上可检验的含意。除了迫使研究人员调查真实的替代选择和局限条件外，这种方法论还有另一个优势：它提供了私有产权局限之外的另一种研究资源分配的方法。

另一种产权理论：外部性方法

鉴于经济文献中私有产权和外部性之间的密切关系，通过外部性对私有财产起源理论进行表述，也就不足为奇了。哈罗德·德姆塞茨的《产权理论初探》("Toward a Theory of Property Rights")一文，就是使用该方法的一个绝佳案例。[26]

德姆塞茨这篇论文可以被简单概括。他遵循科斯的观点，认为产权对某一资源所有者产生影响，使其在关于资源使用的决策上，承担决策的经济后果。任何有利或有害的影响，如果不影响所有者，都被称为"外部性"。根据德姆塞茨的说法，产权分配的主要功能是"内化"外部性。随着消费者口味和技术的变化，相对价格会发生改变，从而与任何产权组合相关的收益—成本计算也会随之改变。以前不重要的外部性，现在变得重要起来了，一组新的产权将产生，以内化这些外部性。

尽管这篇论文非常有趣，但也存在一些问题，其中一些就植根于外部性概念。根据定义，每当资源的使用产生资源所有者没有考虑到的影响时，就会存在外部性。但毫无疑问，情况总是如此。任何行为都会在无穷的边际内产生无数的效果。其中，只有极少数在市场中被明确考虑到。比如在杂货店买橘子这种简单事情。橘子是一种具有大量特征的商品，但我们通常只按磅[1]（重量）买橘子。表皮色泽、表皮质地、表皮厚度、表皮内的果汁含量、果汁中的糖分、果汁中的维生素A、果汁中的维生素C、种子（果核）数量、种子大小等等，都没有明确的价格。这些特征是没有定价的，因此，这些边际的生产和消费是具有外部性的。哪些是重要的，哪些是不重要的？因为每一个行为都涉及大量的外部性，我们必须有一个理论，使我们能够区分重要的和不重要的。给每个行为都贴上外部性的标签，无非是给我们自己贴上无知的标签而已。[27]

在关于加拿大印第安人产权的实证研究中，德姆塞茨试图分离出那些使外部性变得重要的变量。对这些印第安部落来说，关键的变量似乎是毛皮商业贸易的发展。随着毛皮贸易的增加，它

1　1磅约合0.453千克。

有两个重要影响：毛皮价值的增加和狩猎范围的扩大。"这两种后果必然增加了与自由狩猎相关的外部性的重要性"，并导致了"私人狩猎地的演变"。[28] 我将考察每一种后果，看看它们事实上是否必然导致了某种确立私有产权的协议或合约的出现。

德姆塞茨认为，商业皮货贸易的增加不仅会导致毛皮价值的增加，还将导致某一特定土地上狩猎权价值的增加。如第二章和第三章所讲，狩猎权价值的增加将加剧对这些权利的竞争。任何一个主张对一块狩猎土地拥有私有权的人都会发现，更多潜在的狩猎者为了给自己谋取这些权利，会投入越来越多的资源。因此，强制执行土地产权的成本将上升。为了从毛皮价值的增加中衍生出对狩猎领土的私有权，就必须提出一些假设，说明为什么私有权的收益增长快于执行这些权利的成本。德姆塞茨对此没有提供任何理论。

再者，毛皮贸易的增加会增加狩猎活动的规模。当任何一个人增加他的狩猎力度（hunting effort）时，他就会对其他猎人产生额外的影响，因为捕猎权是非排他性的，因此这部分影响就不是由自己承担。德姆塞茨认为，随着这些外部影响的程度增加，产权将会出现。由于没有进一步阐述，所以这只是一个断言。最近，张五常教授在一份未出版的手稿中证明了这一说法未必是正确的。[29] 张五常论点的精髓可简单予以概括。一个人采取的行动可能对其他个人产生大量影响（效应）。其中一些个体间影响（interindividual effects）可能是有害的，而另一些则是有益的。一个印第安人可能在猎杀河狸，并通过减少非私产性狩猎土地上的

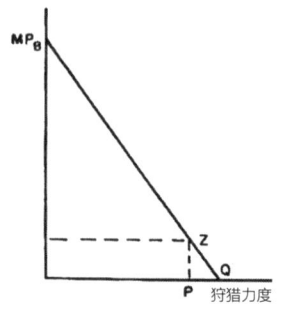

图4.4 个体A的狩猎对个体B的影响 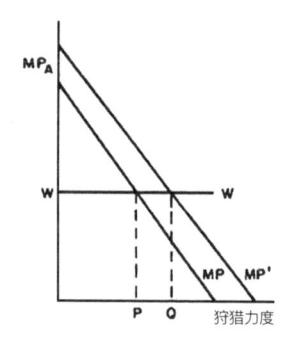   图4.5 个体A狩猎的私人边际产出

河狸数量而对另一个印第安人造成有害影响。同时，其行为对第二个印第安人却可能产生有益的影响。随着河狸数量的减少，可能有更多的鱼可供人类食用。这些有害和有益的影响可以加总，以获得猎人努力（力度）的个体间净边际效应。在图4.4中，横轴衡量个体A的狩猎力度，纵轴衡量这种力度对个体B的净边际效应。根据假设，这些净效应最初被假定为正值，随着A的狩猎力度的增加而下降，并最终变为负值或有害效应。在图4.5中，横轴代表A的狩猎力度，纵轴代表依靠自己的力度增加的边际产出值。在没有任何合约的情况下，个体A将会狩猎，直到他的边际产出（MP）价值等于他在P点上放弃的替代选择的价值（WW）。如图4.5所示，在这个狩猎力度上，他为个体B创造PZ的净边际收益。只要这些个体间影响的净边际值是正的，个体B就能通过让A增加他的狩猎力度而获益。在这种情况下，个体B将愿意支付A达ZPQ，以诱使A增加他的狩猎力度到Q点。如果ZPQ大于A增加

狩猎的成本和达成合约的成本总和，合约就会达成。假设毛皮贸易扩大，导致狩猎的边际产出价值从Z所在的MP增加到MP′。猎人A将增加狩猎力度到Q点，对猎人B的个体间净边际效应为零。这时，猎人B不会为了改变外部影响的程度，而将任何稀缺资源用于与A签订合约。外部影响程度的增加并不一定总是能从合约的达成和执行中带来更大的收益。

德姆塞茨的论文在变量的选择和变量之间的逻辑关系上都遇到了严重的问题。外部性是一个模棱两可的概念，尤其是在试图确定经验上对应的事物时。"产权"概念也有类似的问题。根据德姆塞茨的说法：

> 产权是一种社会工具，其意义在于它帮助个人在与他人的交往中形成可以合理持有的预期。这些预期体现在社会的法律、习俗和道德之中。产权所有人必须征得他人的承诺（consent），才能以特定方式行事。所有者期望社会阻止他人干涉自己在权利规范中未被禁止的行为。[30]

如果一个理论要解释产权的出现，则我们必须能够从经验上确认被解释的事物。"社会工具"，像"期望"、"习俗"、"道德"等，无疑是难以被理解的。为了避免这个问题，我选择通过一份明确的文件"承诺"作为我对财产权的定义。下一节将对加州淘金热中这一协议的出现进行研究。[31]

小　结

在本章中，我比较了两种研究产权起源的方法。虽然这些方法似乎是相互关联的，但实际上它们之间不仅在基本方法论上，而且在它们所得到的实证可验证的含意类型上，都有很大的不同。外部性方法和合约方法是相互排斥的。如果接受合约方法，就必须拒绝外部性的概念。奈特、科斯、张五常等人已经证明，在一个签约成本为零的世界里，有了产权分派就不可能存在外部性。不幸的是，许多经济学家却由此推断，如果没有产权分派，就存在外部性。这肯定不对。正如我在前几章所讨论的，产权并非凭空而来，它们取决于个人的选择。由于现实世界中的个人选择不分派财产权来调节所有可能的资源使用边际，资源使用的决定不一定是在市场之外作出的。相反，这表明产权市场并非没有成本。对于一些资源，更经济的做法是不将权利分派其上，并允许以不同于私人财产的方式使用它们。观察一种权利从未被分派的资源，并对它的使用贴上外部性的标签，就意味着我们对相关局限条件一无所知。在不研究相关局限条件的情况下，提出补救这种外部性的方法，只是表明我们的无知。

在对加州淘金热进行实证研究之前，还有一点值得强调。这项对合约的研究让人想到经济学上的一种方法，这种方法的应用范围可能比其他方法更为普遍。在任何类型的经济活动（克鲁索群岛除外）发生之前，必然有某种类型的合约，规定谁对什么资源拥有什么权利。从大公司到个人独资企业，所有的个人生产决策都受到合约的约束——雇佣合约、销售合约、租赁合约，等等。正如科斯所指出的，企业不过是一系列合约而已。[32]国家或政府内部的个人决策受到始于宪法或原始合约的各种合约的制约。每一次的物品交换，都隐含着某种类型的合约。合约是一切经济活动的基石。只有理解了个体运作下的合约局限条件，以及与形成新合约安排相关的成本，经济学才能解释我们每天所观察到的广泛的人类行为。

第二部分
加州淘金热：实证研究

所有的法律，无论是民事的还是军事的，在这里都没有用了。在矿区，实际上也包括乡村以外的大部分地区，谁最强，谁就是唯一的权威……我认为整个地区将陷入无政府状态，甚至极度混乱的状态。

——福尔瑟姆上校（Capt. J. L. Folsom）

加利福尼亚，1848年

第五章
法律和技术局限：1848—1866

1848年，加利福尼亚发现了黄金。一夜暴富的可能吸引了数十万人从世界各地来到这片美国领土。在地方和联邦层面，都没有任何法律来限制矿工的行为。正如我们将看到的，即使存在这样的制度，也不可能被贯彻执行。

到1848年末或1849年初，矿工们开始相互签订合约，以约束他们自己的行为。这些合约规定了地理界线，在界线内合约条款对任何人都有约束力，而这些分界的土地被称为矿区。每个矿区的私有土地权利由参与矿工享有。合约确立了矿地使用和交易的规则，还就解决签约各方之间的各种争议做出了规定。据估计，1848年至1866年间，在内华达山脉西山麓一片300英里长、150英里宽的区域内，就有500个独立的矿区建立。

在本章，我将考察约束矿工确立早期产权合约的法律和技术因素。

法律局限

在1846年以前，现在人们所知的加利福尼亚州是墨西哥的领土，所有矿产土地都是墨西哥政府的财产。只要个人同意向政府支付一定比例的产品，并遵从下文所述的要求，那么他就可以获得某些采矿权。假如个人不能同时做到以上两点，那么开采矿藏的权利将复归政府，其他人则可以申请开采这些矿地。[1]

根据墨西哥法律，矿床的发现者可以在主矿脉上主张对三块2.5英亩（pertinencias，"600码"）矿地[1]。旧矿区里新矿脉的发现者可主张两块2.5英亩矿地，而其他人则可主张一块2.5英亩的矿地。需要注意的是，这里的尺寸是沿矿脉来测量的。然而，砂矿区是以表面积来测量的。[2] 新矿地的发现者，或旧矿区上被弃矿地的所有权申诉人（再开采主张者），必须明确界定并清楚标明他们主张的砂矿或矿脉的边界。在发现新矿脉之后的10天内，矿工必须向由一群负责确立采矿权的人组成的矿业法庭提交一份书面声明，声明中包括他的姓名、合伙人的姓名，以及其矿地的地理特征的完整描述。该声明书的副本将展示在该地区的显眼位置，任何可

---

1 Claim，作动词有声称、主张、索取之意，作名词时特指"矿地"，指矿工立桩标出（主张）的土地，或某人分配到的或获得的用于采矿的土地。1英亩约合0.004平方千米；1码约合0.914米。

根据法律史学家麦克道尔（Andrea McDowell）考证，claim指一块土地而非地上的矿洞，这个用法在1849年才正式标准化。她称之为"采矿业的普通法或者惯例法"，其最主要的规则是：在矿地上留置工具就表明该矿仍在开采中，任何人不得侵占该矿洞及毗邻的土地。

能之前就该土地提出主张的人都有90天的时间申请听证。在这90天的时间里,矿工要挖一个宽1.5码、深10码的口子,以便一名专家和两名证人能够确定发现重要矿物的矿脉的走向与斜度。假如没有人提出对立的主张,并且要求的工作都已完成,那么只要保证4名工人在一年中有8个月从事"真实有效"的工作,该矿工就可获得并保有他的私有采矿权。[3]

1826年,墨西哥政府废除了矿业法庭庭长。正常获得采矿权的程序改变了,负责土地申请登记的当局现在是当地市长(alcalole,兼治安官、市长、法官为一体)或初审法院。[4]直到1846年美国军法接管之前,这就是加利福尼亚采矿法涉及的范围。鉴于在墨西哥统治下的领土面积巨大、人口极其稀少以及通讯和运输技术状况,在加利福尼亚执行这些法律的成本可能过于高昂。据我所知,几乎没有墨西哥授予(承认)的矿地被美国法庭认可过。[5]据法院称,他们中的大多数没有遵守墨西哥法律的所有规定。

1846年5月13日,美国对墨西哥宣战。到战争结束时,加利福尼亚已经被美国军队占领了两年。当时的军政府显然只是对这块土地上已有的产权表达了尊重,以实现对现状的维持。1848年1月24日,就在距离宣布和平的九天前,人们发现了黄金。根据《美利坚合众国与墨西哥共和国和平、友好、划界和移居条约》,加利福尼亚成为美国领土。根据条约,所有原先在加利福尼亚实施的墨西哥法律,只要不与美国宪法冲突,将继续有效。然而,在1848年2月12日,也就是条约签署仅仅过去十天后,地方长官梅森上校(Colonel Mason)宣布:"从今天开始,加利福尼亚现行的墨西哥法律和惯例中，有关公共土地采矿权获取的内容就此废除。"但是，梅森上校没有提供其他法律制度作为替代，以应对矿区土地产权的获取问题。[6]

1848年，联邦政府正在考虑推出一项关于在俄勒冈建立准州政府的详细议案。当时，在新墨西哥和加利福尼亚也提出了类似的法案，但仅在俄勒冈获得通过。在1849年以前，只有在"将蒙特雷和圣弗朗西斯科纳入海军勤务的邮件停靠站点"时提到过加利福尼亚。1849年3月，美国税收法的适用范围延伸到了加利福尼亚，但加了一条相当奇怪的规定：侵入者必须被移送路易斯安那州地方法院或俄勒冈最高法院。即使是到了1850年9月承认加利福尼亚为一个州的时候，通行的美国法律在加利福尼亚仍然不适用。直到1850年9月28日，加利福尼亚州地方法院建立，这个国家的法律才正式在加利福尼亚生效。[7]

1850年，美国还没有一部针对如何在公共土地上获取采矿权的矿业法。同大多数国家一样，政府保留着对矿区土地的权利，不允许私有化。1807年，联邦政府通过一项法案，使得总统有权发布命令驱逐公共土地上的侵入者。同一天通过的另一项法案，则授权政府对于公共土地有五年的对外租赁权，但不允许卖断给私人个体。根据与墨西哥的条约，所有的土地都被赠予美国政府，因此，加利福尼亚所有的土地都是"公共的"。从此，一直到1866年，联邦政府层面都没有再出台过与加利福尼亚矿区相关的矿业法。[8]

由此可见，从1848年到1850年，加利福尼亚没有实施过任何美国或墨西哥的矿业法。从1850年一直到1866年，只有一部由联邦出台的法律，而这部法律将所有加利福尼亚公共矿地上的采矿者视为侵入者。

1866年7月26日，美国国会通过了《授予沟渠和运河所有者对于公共土地和其他目的的使用方式享有权利法》（An Act granting the right of way to Ditch and Canal owners over the Public Lands, and for other purposes）。对每一位美国公民或者其他有意获取美国公民资格的人而言，这部法律明确开放所有公共矿地供其勘探和占有。这部法律还规定，只要按照任何当地法规或习俗，个人就可以为自己的发现申请一块矿地。90天以后，假如没有人提出对立的主张，这块土地就可以被勘测，并以每英亩5美元的价格加上相应的勘测费用，出售给主张者。随后，联邦政府会对该块土地签发公有土地转让证。沿着已有的矿脉，每个人申请的矿地长度不能超过200英尺，除非个人又发现一新矿脉，就可以再申请200英尺。在先前划定的"矿地"上，假如一直没有任何矿产被发掘，就可以作为农地或宅地，开放给大家公开抢占。至此，矿区土地的产权可合法从联邦政府手里获得，并由其强制执行。[9]

1850年，在成为联邦的一个州后，州层面关于矿权归属的诉讼都受到联邦法律的约束。加利福尼亚所有的公共土地都归联邦政府所有，所以，加州不能通过任何授予这些土地产权的法案。在加州议会第一次会议上，唯一通过的关于矿藏的法案是《矿藏和外国采矿者管理促进法》（Act for the better regulation of the mines and the government of foreign miners）。该法案规定，所有想获得加州开采金矿权利的外国采矿者，每月须支付20美元的税款或许可费。如果不缴纳，采矿者将被依法逐出矿区。这项法案很快被废除，但是在1852年又恢复为《为外国采矿者提供保护以及确定其责任和特权法》（Act to provide for the protection of foreigners, and to define their liabilities and privileges），税额定为每个月3美元。随着时间的推移，这项法案经历了一些重大的变化，但是除了1850年初规定的每月20美元的费用变动外，再没有出现对外国采矿者有重大影响的局限条件。[10]

1851年，加州通过《民事惯例法》（Civil Practice Act）。该法第621条准许法官在判定矿权案时将"那些支持那些权利主张的已建立的或在矿区、法庭上有效的习俗、惯例或规定"视为证据，"而且这些习俗、惯例的规定，如果不与宪法或州法相冲突，应该支配司法的决策"。除了1860年出台的一项要求在转让采矿所有权时有一份书面出售清单的法案外，这是州层面出台的唯一与矿区土地权属问题相关的一部法案。实际上，这意味着，州批准并支持强制执行（至少在法庭上）在矿工之间形成的、就如何开发矿区土地的矿工权利。[11]

1848年到1866年间，加利福尼亚矿工都是联邦财产的合法侵入者。在这一时期，不论是在联邦层面还是州层面，都没有特别针对矿工在获得和实施其对于矿区土地的权利方面施加限制或约束的立法。[12]盗窃和谋杀固然触犯了法律，但是盗窃罪名成立的前提是一个人已经建立了产权。即使有了这样的法律，在1848年到1852年这早期，也没有被强制执行。

在美国军队中，逃兵的量刑轻重从数年的劳役至死刑。然而，

第五章 法律和技术局限：1848—1866

将一个士兵每月7美元的工资，和他从淘金中能获取的潜在收益进行比较之后就能发现，大规模的逃兵是可以预见的。1847年4月，加利福尼亚大约有1 059名士兵。[13] 到1848年，这个数字就下降到了660左右。考虑到梅森上校在战争结束时解散了部分士兵，这一下降的数字并不能完全用逃兵来解释。但是，下面这封信说明了问题的严重性：

> 先生，在我从拉巴斯寄出的24号信中，我建议全部太平洋中队巡航船在海岸滞留，并说明了他们将如何不经过合恩角回到大西洋各州，就能够保持维修和配备水手。在提出那个建议的时候，我对发生在上加利福尼亚的事情一无所知。现在，我担心的是再过一些年，美国要在加利福尼亚维持海军或者陆军建设的话，将不大可能了；因为目前没有足够的奖励或者惩罚措施，来促使人们就加利福尼亚土地问题签订合约。
>
> 把部队调到这里来是没有用的，因为他们马上就会逃跑。从我的中队出逃的士兵，都是最优秀的基层军官和海员，而且还剩几个月服役期就满了，本应支付他们一大笔钱，总计逾一万美元。[14]

10月，海军军需部长威廉·里奇（William Rich）从蒙特雷发来信函说，五艘军舰——"俄亥俄、沃伦、戴尔、列克星敦和南安普顿正停泊在港口内；但是舰上没有一个人，因为他们刚一登陆就全跑光了。而一旦发生暴乱，舰队唯一能做的，就只剩朝城内开炮了。"他继续报告说,"现在加利福尼亚只有两支连队,一支是第一骑兵连,另外一支是第三炮队:后者由于士兵逃跑,只剩一个空架子,老实说,前者的状况也好不到哪里去。"[15]

梅森上校试图悬赏抓捕这些逃兵。他通过报纸告知公众,他将"悬赏4万美元,抓捕舰队上的逃兵。具体数字如下:自7月以来,最先逃走的4个逃兵,每抓住一人奖励500美元,之后的逃兵每抓住一人奖励200美元。一旦抓捕到手,奖励立即用银元支付。"[16]悬赏办法失败后,梅森上校威胁说,要把他的小部队集中到某些矿区,假如矿工不帮助他抓捕逃兵,就会以侵犯政府财产的罪名逮捕他们。[17]这个做法同样失败了。下面这封梅森上校的信可资证明:

> ……在和平年代的美国领土上,我在民事领域应该使用什么样的权利或者权力来进行控制呢?或者说,如果发生暴动和叛乱的话,我该拿什么应对呢?我无法阻止两支正规连队的人当逃兵。由于逃跑,军队人数每天都在下降,估计很快这就是加州仅存的军队力量了。……与此同时,还应该考虑的是,人们是否可以拒绝服从既存的权威?……我已经没有足够的底气来强制他们服从了。[18]

之前已经说过,加利福尼亚实际上没有任何成文的与获得矿业权有关的法律。现在看来,即使有法律,这些法律也无法得到执行。有位观察员看到这种情况后评论道:

第五章 法律和技术局限：1848—1866

> 所有的法律，无论民事的还是军事的，在这里都没有用了。在矿区，实际上也包括村庄以外的大部分地区，谁最强，谁就是唯一的权威……在美国领土上，我还没见过哪个地区，比这里更需要强悍的驻防部队来维持秩序。如果没有这些部队，整个国家将会陷入无政府状态，甚至极度混乱。[19]

在最初的淘金高峰期过后，士兵逃跑率降下来了。到1852年，加利福尼亚地区军队中男性人数已经上升到了800多人，而且后来若干年都在持续增加。[20]尽管士兵人数增加了，但我没有找到任何证据能够证明，在1848年到1866年这段时间里，联邦军队干涉过矿工。军队的服务仅限于，保护平民免受有敌意的印第安人的攻击。[21]

从1850年到1854年，州议会也没有给矿工提供过服务或者设置什么障碍。他们把买来的一些船只改造成监狱，但不久就发现，相较于罪犯的数量，这些船只的数量远远不够，因此，在波因特昆丁（Point Quintin）建了一座监狱。此外，加州给矿工仅有的一项帮助，是为他们防卫印第安人而产生的费用提供财政补助。1854年，州议会通过一项法案，决定成立州自卫队。然而直到1855年都没有采取任何行动予以实施。[22]我也没有找到任何迹象能够表明，从1855年到1866年，州成立自卫队是为了管制矿工。事实上，当时州自卫队和更强的联邦军队的存在，可能更多是为了降低矿工执行矿权合约的成本。我觉得，也许对于绝大多数的边远地区来说,这里减少的成本都是非常明显的。

从1848年到1866年,唯一跟金矿矿工相关的联邦法律,认定他们为公共矿地的侵入者。由于军事力量不足,这项法律没有执行。即使在士兵人数增加之后,联邦政府也没有采取任何行动执行该项法律,驱逐违法入侵的矿工。而在州层面,唯一相关的措施是《民事惯例法》第621条,该条例允许法官承认矿工的规则和习俗是法律。

技术局限

砂矿开采

从1848年到1858年左右,加利福尼亚绝大多数淘金活动都是围绕砂矿床(placer deposit)展开的。内华达山脉矿脉上的小粒金子被河流冲刷下来,沉积到了较低的地上。这些金子,从小到几乎看不清楚的薄片,到重达数磅的金块都有。

第一批淘金者只需要一把小刀就能弄到金子。通过刮擦溪流附近石头上的裂缝,提取到金子薄片,这些薄片是由水力冲积到石头里的。在有些地方,由于金片足够大,即便混在泥沙中也能被人们看到,用手操作一番就能够将它分离出来。在淘金热刚开始的时候,人们发现,由于金子的密度比绝大多数元素要高,因而沉积在更轻的表层土壤下面,最终停留在了坚硬的岩盘上。采

第五章　法律和技术局限：1848—1866

矿者先用鹤嘴锄和铁铲掘开基岩，之后再用匕首刮擦坚硬的岩石来找到金子。因而，这种含金的岩层被称为"含金矿土"（pay dirt）。[23]

到了1848年初春，采矿者又引进了两种新设备，用来将砂金和他周边的物质分离。这两种设备是淘金盘（pan）和摇金篮（cradle）。前者是一种通常由马口铁制成的平盘，直径约18英寸[1]，深3英寸，边缘略微倾斜。淘金盘在装满"金矿砂"之后，浸入水中，转圈摇晃，较轻的泥沙将会被水冲走，而沉在盘底下面的就是较重的金粒了。[24]

摇金篮是一个长约40英寸、宽20英寸、深4英寸的木质箱子。木箱被放在弧形摇杆上，头部比底部稍高，看起来就像是孩子的摇篮。这个木箱一头放置着一个粗筛盒，盒子底部用薄铁片做成，上面打着直径约0.5英寸的孔。泥土被倒进这个粗筛里，在摇金篮晃动时再加上水。水带着小颗粒的石头、沙子、泥土和金子流经固定在篮底部的粗筛孔，从篮较低的一端流出。由于篮底部有一排排固定的楔子，因此，泥土就被水流冲刷到了底层，较重的金子和沙子将会附着在楔子上。一天之内，需要用勺子清理两三回楔子，之后，再继续用淘金盘将剩余泥土中的金子分离出来。用摇金篮这种新设备，两个矿工合作，每天可以冲洗大约300盘泥沙，这种方法的效率是只用淘金盘的3倍。但摇金篮有个缺陷，就是当摇摆运动停止的时候，沙子就会包裹在楔子周围，这种情况

---

[1] 1英寸约合2.54厘米。

下，流水里的金子也就收集不到了。因此，每回再次使用之前，楔子都必须清理一遍。所以，虽然一个矿工单独就可以操作摇金篮设备，但是如果和另一个矿工达成协议，让后者来提供泥沙的话，就能避免摇摆运动中断，这一点似乎将节省一大笔成本。[25]

在1850年之前，另一项被采用的技术是"簸扬"（winnowing）。这种方法，是把含金矿土放到一个大的碗状容器里或者毯子上，随后通过簸扬将其抛到空气中，当泥土落下时，矿工轻轻地对着吹气，将较轻的泥土从金子上吹离。当剩余的泥土落下来的时候继续迎上去，就这样重复这道程序，直到剩下来的都是金子为止。同淘金盘和摇金篮相比，使用簸扬技术成本较高，只有在水资源代价高昂的时候才会被采用。[26]

在淘金热的头两年，这些是仅有的分离黄金和泥土的技术。后来在1850年，淘金槽（sluice）被引入加利福尼亚。这是一个固定的长槽，长度从50英尺到几千英尺不等。起初，它是用木头造的，放置在支架上，确保每流经12英尺距离在高度上会下降1英尺的倾斜角度。在槽底放置一套"捕砂条"（riffle bars），或多道木条，其长度跟淘金槽的宽度一样，厚度2到4英寸，宽度4英寸。整个洗矿槽都放置这些木条，间隔固定。含金矿土被扔到顶部，或高架顶端，并灌入大量的水。水把泥土冲下淘金槽，冲过捕砂条。由于黄金具有较高的比重（相对密度），被挡在了木条的后面，较轻的泥土被冲到了末端。淘金槽通常足够大，可以在使用几天后再"清理"。这一阶段类似于"清理"摇金篮，只是规模要大得多。木条后面的泥土要么被冲洗过，要么和水银混在了一起。当水银和金混合在一起时，就形成了一种汞合金，可以很容易地从周围泥土中分离出来。之后再将这种汞合金加热，蒸发掉汞，就留下了黄金。这一过程跟淘金盘淘金相比有一个优点：它能获取到被淘洗所漏掉的极为细小的金粒。[27]

淘金槽彻底改变了加利福尼亚的砂矿开采。这使得劳动成本的大量节省成为可能，而在当时获取黄金的总成本中，劳动成本占了很大比例。据估计，"如果用淘金盘清洗1立方米的泥土要花费0.75美元在劳动上，那么用淘金槽清洗同样数量的泥土将花约0.02美元在劳动上。[28]这使得矿工们能够开采以前没有盈利的矿藏，并对已经用淘金盘和摇金篮开采过的矿地进行再次开采"。

1852年，一位矿工在用水管水灌到矿地时，想到了用水压把附近河岸上的泥土直接冲进淘金槽的办法。他发现比起用铲子，这种方法可以移动更多的泥土到淘金槽里——这就是加州水力采矿的开始。通过在软管上安装一个喷嘴，水压就会增加，就会有更多的泥土进入淘金槽。据估计，这一过程将清洗1立方米泥土的成本降至0.0028美元。[29]

无论是用淘金盘还是用摇金篮处理黄金，水对矿工来说都是很重要的。但随着淘金槽和水力工艺的引入，对水的需求量急剧增加。有些矿地每天要消耗掉近500万加仑[1]的水。[30]为满足这些用水需求，矿工们组织水务公司从河流或水库挖沟渠到金矿上，这些沟渠有的长达数百英里。[31]然后，水务公司用一种称为"矿

1　1加仑约合3.785升。

井涌水率"（miner's inch）的计量单位将水卖给矿工。[32]

除了簸扬和刮撬外，砂矿所用的所有采矿方法都需要水源。这是一个非常重要的局限条件，贯穿我所研究的整个时期，稍后我将说明这一点。

石英石矿开采

砂矿床是由流动的水从被称作矿脉的地方冲走金片而形成的。黄金矿脉通常不是纯金，而是由热和压力熔融的金和其他矿物的混合物。这种混合物叫作金石英（gold quartz），通常富含黄金。1849年，在后来的马里波萨县发现了第一条金石英矿脉。具有潜在的巨大回报的报道鼓励其他人去寻找这些矿脉，不久，整个内华达山脉都有了新的发现。石英金的开采过程与砂金的开采过程有很大的不同：首先，这些含金的泥土必须从地面上清走。砂矿通常在距地表20英尺的范围内，而矿脉经常向下延伸数百甚至数千英尺，需要一条长隧道才能到达。单是隧道工程的成本就从每英尺5美元到16美元不等（取决于围岩的性质）。提取石英后，必须将它粉碎，才能把黄金从其他矿物中分离出来。最后，黄金必须从这堆粉末中分离出来。正是这最后一个过程阻碍了早期石英石矿开采的尝试。已有的技术会使60%至80%的黄金流失，因此，具有较高价值的矿石的开采成本过高，难以盈利。不幸的是，对数百名投机者来说，这是在挖掘隧道和建造轮碾机，花费50 000到100 000美元后才被发现的。石英石矿采矿被宣布为"骗局"，在大多数矿工中声名狼藉。[33]

整个19世纪50年代，只有少数一些石英石矿继续运作，其工程师进行了一些技术变革，降低了粉碎石英的成本。增加汞的使用，使金石英矿被压碎后保存了更多的黄金，不过大部分黄金还是流失了。1858年至1860年期间，通过使用氯气的工艺将黄金从其他矿物中分离出来，取得了快速发展。通过这种氯化工艺，可保留95%的黄金。这一工艺，再加上随着砂矿矿藏枯竭，矿工替代选择的价值下降，造成1860年后整个加利福尼亚的石英矿开采数量迅速增加。[34]

砂矿和石英矿面临的技术局限在许多重要方面都不同。砂矿工人需要水，而石英矿工发现他的隧道被水淹了。砂矿工人可以立即开始工作，只需一个鹤嘴锄、铲子、淘金盘和摇金篮，而石英矿工光要到达矿脉可能就需要数年和数千美元。砂矿工人可以且经常独自工作，而石英石矿开采涉及更广泛的技能和机械，单独工作不经济。这些差异以及其他一些差异将对采矿者用来分派和执行矿物矿地产权的合约的结构产生重大和可推测的影响。

运输与信息

当黄金于1848年首次被发现时，除沿海的一些小定居点外，加利福尼亚还是一片荒野。道路几乎不存在，水运仅限于少数几条河流。随着矿业人口增加，对衣食和娱乐的需求促使一些人放弃采矿，转而从事运输。1848年到1849年初，大部分货物都是由马、骡子和人运到矿场的。[35] 早在1848年，船只就被用来把货物从圣弗朗西斯科运到萨克拉门托，但到了1851年，萨克拉门托和马里斯维尔（加州）之间已经有定期的船运交通。1851年，汽船从东海岸一路驶来，很快就有许多公司在争夺从圣弗朗西斯科到萨克拉门托和马里斯维尔的乘客。[36] 到1857年，轮船沿着费瑟河（Feather River）一路驶向奥罗维尔，直达许多矿场。因此，在整个19世纪50年代，矿场进口货物的价格下降了。[37]

大多数主要营地之间都修建了道路，使得轮式车能够进入矿地。在下雨的冬季，这些道路是唯一通道，但都无法通行，而在夏季，萨克拉门托的驿站办公室是一个繁忙的地方，每天有多达20或30辆马车驶往各个矿区。[38]

尽管美国国会在加利福尼亚成为州之前就提供了投递邮件的资金，但邮件服务显然跟不上矿工的需求。[39] 19世纪50年代初，私人快递公司的出现就证明了这一点。在矿场里，递送信件的价格是1美元，递送报纸是50美分。[40] 在此期间，富国银行（Wells Fargo and Company）开始定期向矿山递送邮件，在回程时将黄金运回城市。到1857年，电报将许多较大的矿区连接起来。[41]

第六章
早期淘金与最初合约：1848—1849

1848年以前，加利福尼亚是一个人烟稀少的地区。非印第安人，包括传教士、军人和一些农民，大多定居在沿海的土地上。源源不断的美国人来了以后，主要居住在了北部地区。1839年，约翰·萨特（John A. Sutter）来到加利福尼亚，在如今的萨克拉门托遗址附近建了一座营寨。在营寨中，他雇佣印第安人建立了一个大型牛牧场、面粉厂、制革厂，并为到达加利福尼亚的移民提供落脚点。萨特安顿后不久，他就从加利福尼亚地区博迪加（Bodega）的一群俄国人那里购买到了一些财产。这些财产包括一些狩猎权、一艘小船、几门生锈的大炮和几支旧步枪。当墨西哥人听到萨特购买大炮的消息后，便威胁说要将他赶出加利福尼亚。作为回应，萨特召集了当地一大帮印第安人和一些当地的白人移民，给墨西哥当局送去口信，说不要再威胁他了，否则他"会严惩他们"。1842年，墨西哥派来的新任长官曼努埃尔·米切尔托雷纳（Manuel Micheltorena）带了600名士兵，想要压制萨特。在洛杉矶，萨特的代表奉命与新长官会面，转达了萨特对长官到来的欢迎以及向官方臣服的态度。长官与萨特成了台面上的好朋友，并签署了一份特许状，给予萨特农场周围方圆数里格[1]土地。[1]

大约在同一时期，人们在洛杉矶西北45英里的地方发现了金矿，墨西哥政府开始想办法使加利福尼亚摆脱萨特和其他美国人的控制。尽管这些金砂矿储量并不丰富，但在1840年到1841年间，来自墨西哥索诺拉州的采矿者还是开采到了约212磅的黄金。[2]然而，有关这些金子产量的消息却从未传出去过。[3]

在墨西哥与美国交战的1846至1848年，萨特继续在他的土地上经营。尽管这时候一些白人移民在他的牧场周围建起了房屋，并与他签订短期协议为他工作，但是他的劳动力主要还是来自印第安人，并用自己店里的商品向这些人支付报酬。[4]在萨特的雇工中，有一个叫詹姆斯·马歇尔（James Wilson Marshall）的木匠，他的工作是建造一个锯木厂，向萨特的建筑提供木材。[5]正是这个木匠，在亚美利加河（现在叫科洛马河）南部支流建造锯木厂时发现了金矿。那一天是1848年1月24日，仅仅九天后，美国同墨西哥结束战争并签订和平条约。[6]

当萨特听到发现金矿的消息后，他跟马歇尔回到锯木厂，并要求所有雇工继续按原计划完成建造。[7]接下来，萨特开始就锯木厂周边的土地，谋求建立更强有力的产权。他跟该地区的印第安人谈判，以每年支付价值200美元的实物，交换他们尊重其土地产权的承诺。印第安人承诺不宰杀他的马、牛、猪、羊，以及

1　1里格约合5.556千米。

不烧毁合约中列明的其他土地作物。[8]为了进一步加强他的权利，2月5日，萨特派马歇尔的同事查尔斯·本内特（Charles Bennett）去蒙特雷拜会梅森上校。当时，梅森是加利福尼亚地区的军事长官，萨特极力想从他那里获得位于他的锯木厂周围土地的先占优先权（preemption right）。[9]梅森以加利福尼亚仍然是墨西哥的领土，自己作为军事长官没有批准地契的权利为由，拒绝了萨特的请求。[10]2月12日，梅森废止了所有允许将矿地授予个人的墨西哥法规。

萨特曾试图对其营寨里的雇工保守发现金矿的秘密，但是他的一个卡车司机，在向锯木厂运送物资时，从一个小男孩口中听到了这个秘密。男孩母亲给了司机一小块金砖作为礼物，司机回到营寨后，用这块金砖买了一瓶威士忌喝，于是这个秘密就大白于天下了。[11]

雇工们为了寻找金子开始逃离营寨，萨特因此试图去征收他们发现的部分金子。尽管锯木厂并不在最初获得产权认可的土地覆盖范围之内，梅森也拒绝承认萨特对矿地先占优先的主张，但是萨特和马歇尔却采用与印第安人的条约，主张这片土地和矿产的所有权。每位矿工都被要求上交他们所发现金量的50%。[12]虽然并不能确定矿工实际上支付了多大比例的金子，然而他们的日记表明，他们确实为采矿特权支付了费用。后来这笔支出被降低到了总产出的三分之一，但在1848年的夏天，当来自俄勒冈的一个矿工团体拒绝缴纳后，这笔费用就彻底废除了。[13]

实际上，在马歇尔发现黄金前几年，加利福尼亚周边就有丰

富矿产资源的传言了,所以当发现金矿的故事在1848年3月15日首次出现在圣弗朗西斯科报纸上的时候,并没有产生什么影响:

> 发现金矿了。萨特上尉在亚美利加河支流新建的锯木厂刚挖的水沟里,发现了大量的黄金。一个人到新赫尔维西亚要花费三十美元,但他在那里短时间内就可以挣到这笔钱。毫无疑问,加利福尼亚蕴藏着丰富的矿产资源,这对科学资本家来说是巨大的机遇。在该区域的几乎每一处,都发现了黄金。[14]

随后圣弗朗西斯科的报纸上又相继刊登了几则短讯,但是几乎没人当回事。[15]一直到1848年5月6日,《加利福尼亚星报》(*California Star*)的编辑写道:

> 在萨克拉门托大峡谷度过一个非常愉快而短暂的旅居生活后,我们回到家,重新开始工作。再次坐在椅子里,体力恢复,精力充沛,头脑中充盈着所有外出带来的美好回忆。乡野秀丽,气候宜人。我建议所有没有去过大峡谷旅行的人,最好都去走一走,去看一看那里茂盛的三叶草,芳香的花朵,还有金子和银子。[16]

但是两周后的1848年5月20日,人们注意到当天的《加利福尼亚星报》刊载了这样一段文字:

第六章 早期淘金与最初合约:1848—1849

> 新的黄金国——我们最近碰到的一个可怕的幽灵、一种几乎腾空了整座城镇的狂热——整个镇上都找不出一千人了。[17]

1848年5月中旬,淘金热全面爆发。

尽管人们都把黄金的发现归功于马歇尔,但是开启淘金潮的殊荣,无疑是属于塞缪尔·布兰南(Samuel Brannan)的。大约在5月12日,布兰南手中挥舞着一个装着金粒的瓶子,沿着圣弗朗西斯科的街道边走边吆喝道:"金子,金子,来自亚美利加河的金子!"为什么一个人会公开宣布一块自己不享有私有权的土地有金子的消息呢?在这种特殊情形下,答案似乎是,作为摩门教徒首领的布兰南,当时已经开始向他的弟兄们征收大约占其采金量30%的什一税。征税的借口是要为他们的上帝修建圣殿。这笔钱,并没有直接花在圣殿的建造上,而是被布兰南存进了位于萨特营寨中的、二人共有的商铺和贸易站中。由于淘金热引发大批人员的涌入萨特营寨,这让萨特的生意获利不菲。[18]

在圣弗朗西斯科和加利福尼亚沿岸的其他一些城镇,人们每天都能听到金矿地区有新"发现"的消息。采获巨型金块的消息一天天多了起来,也不断地得到证实。[19]梅森长官前往金矿进行了一番考察,带回的信息是,没几天工夫采矿者就能有数千美金进账。[20]违反先前合约、出发去淘金的潜在收益显著增加,而且由于大家都在逃离,惩罚的潜在成本也随之下降了。因此,背弃合约比比皆是。那些承诺向锯木厂提供小麦的农民,任凭田地里的作物腐烂。没有人对此抱怨和投诉,因为锯木厂主自己也出走了。按协议建造新房子的工匠,也在建到一半时离开了。实际上,那里都找不到人去居住了。报纸也没法再发行了,因为员工都去采矿,也没有人留下来看报纸了。船只会停靠圣弗朗西斯科港卸货,如果船长制止的话,水手们就会发动兵变将他绑起来晾在一边。[21]有个叫亨利·比(Henry Bee)的狱卒,在淘金热开始时,手里掌管着10名印第安囚犯。当狱卒把这些囚犯移交给市长的时候,发现市长已经离开位子奔金矿而去。最后,他决定把这些囚犯带到金矿区,让他们为自己采金。传闻说,在其他一些自由的矿工帮助这些印第安人逃离狱卒控制的时候,他已经赚了一笔不小的财富。[22]据班克罗夫特(Bancroft)估计,5月沿科洛马河两岸30英里内的矿工有800人,6月时已有2 000人。[23] 7月,梅森上校去金矿考察,估计人数已达4 000人。[24]到年底时,矿工人数大致在5 000到10 000之间。[25]当大部分矿工聚集在亚美利加河南部支流周边的时候,一些勘探工作已经开展到北至雷丁沙洲(Reading's Bar),南至图奥勒米河(Tuolumne River)了。[26]

最先到达矿区的是萨特雇佣的摩门教徒。他们给其他人写信,告知他们自己对发现黄金的信念。这些早期矿工每星期都在锯木厂工作,但一下班就去掘金去了。前面已经提到,萨特和马歇尔要向这些受雇的摩门教徒收取在其土地上淘金的费用,因此,当锯木厂建成后,摩门教徒就开始在距离科洛马河1英里外的一个岛上采金去了,他们称这个地方为摩门岛。4月到7月,岛上的摩门教徒团体大约有12人,他们都已经采用"淘洗"(panning)方法从泥土中分离金子了。1848年7月17日,他们离开摩门岛,去了盐湖城,因为据说那里有价值数以千计的黄金。[27]

当摩门教徒开始在岛上采金的时候,几个萨特雇工、营寨周围的一些移民,甚至萨特自己,也开始独立采矿了。但是很快,他们开始雇佣印第安人为他们采矿。[28]这些印第安人显然不知道金子的价值,因而愿意用他们采到的金子去交换珠子、布料和食物这些东西,有时候用一盎司金子换取一盎司布。[29]慢慢地,印第安人注意到其他矿工在交易前非常细心地称量他们的金子,他们也彼此开始要求给自己的金子称重。据报道,早期商人(人数少且相隔远)能够使用比标准一盎司重得多的砝码来欺骗印第安人。因为当地人都是掘金的人(digger),因此,这种较重的砝码被称为"掘工盎司"(digger ounce)。当然,即便当地人无知到从来没分辨出砝码的差别,但知道金子价格的高低不同意味着什么,那么交易者之间的竞争,最终也将会消除这些不公平的伎俩。实际上,到1848年秋天,竞争迫使矿工支付给印第安人的劳动报酬,已经达到20美元每天,这和白人矿工平均每天拿到的报酬一样了。[30]这些与印第安人的劳动合约,是1848年间发生在金矿上的最早的,也是唯一有记录的工资合约。

随着黄金发现的消息吸引来自沿海城市的人们,一种新型的合约开始形成。第一批合约出现在被遣散和逃离军队的士兵中,当时他们正涌向矿区。一名士兵在日记中写道:

一旦为矿区之行从各个方面做好了一系列最有效的准备，我们很快又可以做回自己的主人了。采取的方案是由3人、5人或10人组成一队，由成员中的一人领导。……为了处理常规的利益纷争，我们起草了一系列成文的规则，这些规则可以根据一些特殊情形下的特殊意见，在某些点上做出修正。其中大多数的大意如下：

我们在此同意将自己组建为一个团体，命名为_____矿业公司，并遵守以下规章制度：

1. 对为获得整体好处而产生的费用，如购买一副牛轭、二轮马车、马和包裹袋等，将按人均摊。

2. 我们应当集结起来去金矿区，未经全体同意，任何人不得离开团队。

3. 在不可避免要离开的情况下，允许每个人带走的钱物相当于他在最开始投资的数目，而且要除去他已经消费或者损害的部分。

4. 一起在矿区工作，并使用集体共有的财产和工具。

5. 允许个体保留他自己所能挖掘到的一切东西，但是他应该对集体在购买食物和其他公共用途上的支出负担平等的份额。

6. 不论何时何地，都应该患难与共。

7. 不允许抛弃任何一个病人，要尽一切可能使他恢复健康。

8. 每一个人，轮到自己的时候，都要干好全体工作中属于自己的那份任务，即做饭、喂马、砍柴、取水，等等。

9. 任何人未经全体一致同意离开，将丧失自己此前的投资……

10. 若一个人被证实犯了偷盗罪……不管是谁，都将被立即驱逐，并且丧失他所有的财产。[31]

这位士兵在组建一个公司时，特地增加一项条款："所有财产，不论是否为共同利益购买或建造的，都应视为私人财产，并相应地予以尊重。"[32]

从上述条款来看，本合约的订立似乎是为了利用规模经济在采购材料、采矿和保护方面的优势。请注意，第2项和第9项对任何想要离开该团体的个人都有增加其个人成本的效果。这类规定在大多数合约中都是以某种或另一种形式出现，其影响将留到后面再作更具体的研究。就目前而言，最重要的是要认识到，这项合约并没有将开采某一片土地的私有权分派给任何个人，而是选择根据从地底下挖出黄金的人（即谁挖到归谁）来分派对黄金的权利。由于没有任何条款明确在某一特定土地上开采的私有权，因此造成了一种局面，即很大一部分采矿收入可能会消散掉。即使上面所有明确列出的规定都可以零成本执行，情况也是如此。例如，假如该团体的一名成员发现了一个富金矿，合约不允许他阻止该团体中的其他成员"扎堆"到矿藏周围，挖掘剩余黄金。因此，四五个人集中在直径6英尺的圈子里干活很常见。结果是，矿工发现新矿后会保密，并盯紧其他矿工。[33]我还预计，如果土地权利得到明确的分派,矿工之间发生冲突的可能性较小。

对于矿工人数较少的群体,这种合约安排下的收入消散可能较小。随着采矿人数的增加,非私产性土地权造成的消散会增加。也许正是由于这些缺陷,在1848年采矿人数大幅增加后就没有见过这种合约了。

我所发现的1848年以来的其他合约安排,似乎大多是针对摇金篮使用问题的。如前所述,矿工们可能已经意识到,在使用摇金篮采金时,只要搭配至少2个人的劳动投入,就会产生规模经济。结果是,一般在2个或者4个人之间形成了合约。在合约中,人们一致同意对个人行为进行约束:每个人轮流投入一定时间从事某项分派的工作。[34] 早期的观察员把摇金篮式采矿程序分割成了四道工序:从地上铲起泥土倒进一个传输设备,把泥土从挖掘处传送到摇金篮中,再向粗筛盒中加上水,开始晃动摇金篮。[35] 当取水方便的时候,这些工序就可以合并在一起,由一个人边浇水边摇动摇金篮。所有金子,除了那些进入摇金篮之前被发现重量超过0.5盎司的金块以外,都将被合约各方平分。那些大金块则由发现它们的个人保留。[36]

与士兵们达成的合约一样,这里的合约也没有分派任何个体某一片土地的私有开采权。然而,不同于之前的安排,分成合约的影响是,它在所有黄金被带离地面之前,就分派了黄金的私有权。只有在团体能够排除外来者的前提下,每个成员才能享有占黄金总量一定比例份额的私有权。由此可知,如果这些合约条款的执行没有成本,将不会有消散产生。然而,我认为正是由于执行成本为正，矿工们才允许发现者保留大块金子，将其作为例外情况处理。重量超过0.5盎司的金块值8美元甚至更多，而且可以很容易对其他矿工隐匿。通过授予发现者对于这类金块的权利，潜在冲突会减少，原本用于互相监督或监察隐匿黄金行为上的资源就可以节约下来。还应看到，摇金篮采矿技术本身的特点也起到了减少分成合约执行成本的作用。如果没有摇金篮或淘金盘的帮助，要发现小于0.5盎司的金块是难以办到的。正是这些金粒，在较轻的泥土被水流冲走以后，积聚在了摇金篮底部的楔子上面。当楔子被装满时，所有摇金篮作业就停止了。此时矿工就会从摇金篮中把残余物清理出来，随后每位矿工带上一个淘金盘到最近的水源，完成最后的分离工序。每个装满金子的摇金篮由团队中的所有矿工互相紧挨着完成清洗，这可能减少了监督欺瞒者和执行分成合约的成本。在只有少数成员的团体中，为减少矿工收入差异而分享黄金产出的成本并不高。因此，在1849年初之前，这是最广泛采用的合约安排。

1848年，有几件值得注意的事情发生了。将近10 000人涌到了那些没有任何人享有私有权的地产上开采黄金。尽管几乎每个矿工都携带枪支，但是据报道并没有发生暴力行为。7月，梅森长官视察了矿区，他报告说矿工们尊重了萨特的财产权利，"任何犯罪行为都非常罕见，金矿区没有盗窃或抢劫……如此和平、安宁的州秩序，理应继续保持下去，这一点着实让人吃惊"。[37]与大众观点（和西部片）相反，我认为犯罪率低的一个原因是因为每个人都带着枪。这将降低关于潜在对手使用暴力的意愿的信息成本。

结果越可预测，实际观察到的暴力就越少。

在马歇尔发现金矿的最初六个月里，人们所知的金矿区，从一个环绕在萨特锯木厂周围的小地方，增加到了10 000平方英里的一大片区域。对于早期矿工来说，不需要花多少成本就能转移到一个新的黄金发现地，也用不着为了获取他人的采矿权动用暴力。只要富含黄金的土地保持在一个相对充裕的水平上，在小团体的矿工之间建立分成机制就是最为经济的。我没有发现在1848年有那种分派个人某片采金地私有权，并予以执行的合约。[38]

到1848年年底，由于天气变化的原因，采矿成本增加，大多数矿工回到了海滨城市。与此同时，在美国的东海岸却几乎完全是另外一个国度，成千上万的人准备乘船前往加利福尼亚。每一条船，只要能浮在水面的（甚至有些都可能浮不了），提前几个月就被预订一空了。人们组建了公司，专门为走陆路的人提供金融和安全保护的服务。[39]1849年春天，这批人到达了加利福尼亚，他们对于各种产权合约类型的形成产生了重大的和可推测的影响。这些影响将在下一章中进行研究。

第七章
矿地私有产权的出现：1849—1850

1849年最初的几个月，淘金热持续升温。从1848年12月7日到1849年4月17日，有8 000多人从纽约离港来到了加利福尼亚，还有2 000多人来自波士顿，1 200人来自新奥尔良。据估计，大约有20 000人是从美国东部沿海地区乘船到达的。圣弗朗西斯科港务办公室的报告说，1849年，世界各地有近40 000人乘船抵达圣弗朗西斯科，这其中包括从陆路来的美国人、俄勒冈地区的人、墨西哥人和南美洲人。到1849年年底，加利福尼亚的人口已经达到107 000人。据估计，到1852年年末，人口已达264 000人。[1]

加州的许多新来者都是美国公司的成员，这些公司就是为开采黄金而成立的。一家典型的公司由40至50名成员组成，通过一份合约将他们捆绑在一起，该合约规定了每天都有一定的工作时间和每个成员都享有同等份额的黄金。[2]然而，"从东部各州来的公司几乎没有一家在到达矿地后能持续运转下去，许多公司还没看到矿地就解体了。"[3]我找不到任何证据表明，这些东部公司中有任何一家能在矿区存活过一个月。公司解散之后，那些选择留在矿区的人之间签订了新的合约。占主导地位的规则是在签约各方之间平均分配黄金。这些新公司的规模通常在2至8人之间，它们唯一以合约控制的，是那些与开采金矿相关的活动。[4]

1849年春天，一些矿工签订了合约，为了开采他们认为富含黄金的河底。这类工程需要组织足够多的人员在现有河床旁边挖一条沟。沟渠完工后，再建一座大坝将河水从天然河床引入沟渠中，使矿工能够在河底工作。[5]在这些项目上工作的人数在8到16人，少数项目人数高达40人。[6]这里使用的合约类型一般是分成合约。[7]我找不到任何证据表明个人被分配了某部分河底土地。主张拥有私有权的是排干这部分河床的公司。[8]

这些河流采矿公司中的几家于1849年在亚美利加河的北部支流上开始作业。每家公司都挖了一条大约300码长的沟，然后再建一座大坝。大坝的建造费用估计为8 000美元，能将水从天然河道转移到挖好的沟渠中。转移300码后，水又回到原来的河床上。这时，另一家公司也修建了一座水坝和一条沟渠，再次把水引走。这一过程至少重复了9次，9家独立的公司声称他们排空了河床的一部分。[9]公司规模从8人到16人不等。显然没有任何技术上的理由可以解释，为什么这些公司不在河面上建造一座水坝，挖一条长度相等于独立沟渠之和的长沟就好，那样就能节省建造9座独立水坝的全部费用[1]。可是，我们并没有观察到这种现象。

从东海岸的大公司和亚美利加河上的筑坝公司的经验来看，

---

1 疑有误。节省的应该是这两种方式的费用之差。

第七章 矿地私有产权的出现：1849—1850

当签约方超过16至20人时，分成合约在加利福尼亚金矿区并不能很好地发挥作用。但从1848年到1849年的头几个月，金矿的分布非常广泛，开采一块土地的权利可以毫不费力地得到。小规模群体就能够在这些条件下维护其产权。

1849年春天，随着来自世界各地的移民来到金矿地，采矿人口开始迅速增加。在第三章，我提出了一个预测人口增长结果的假说。假定实际局限是分成合约和土地分配合约是仅有的两种选择，那么，土地分配合约将随着人口的增加而出现。[10]

从加利福尼亚这一时期的历史来看，作为一种分派金矿开采权利的手段，分成合约遇到了困难。如预期的那样，执行合约条款的成本随着人口的增加而增加，最终导致合约的解除。矿工们没有选择分享黄金，而是选择了签订新的合约，合约中赋予每个人对某一特定土地的私有权。黄金的所有权依附于土地。在理解产权发展的真实局限方面，从土地分成合约到土地分配合约的变迁是非常重要的，因此，我选择提供以下几项第一手的资料：

> 当内华达市及其周围的矿场最初开放时，它们只是在峡谷里，……而且没有法律规定矿工主张的土地大小，一般来说，最先进入峡谷的矿工也就拥有了那个地方的产权。……随着人口的增加，这条规则难以为继。矿工们意识到必须有所行动，因此他们召开了一次会议，并制定了一项规则，即每名矿工只能持有三十平方英尺具有采矿权的矿地……[11]

所有这些位于亚美利加河中部支流的沙洲,据最保守的估计,从俄勒冈沙洲往北,1850年夏天至少雇用了1 500人;起先,这些人是合伙工作的,然后根据评估,每天按照份额发放报酬,这样一来,那些酗酒或缺勤的人就会一无所得;但不久后,这种办法就引起了不满,继而导致合作破裂,开始以拥有采矿权的矿地为基础进行开采活动。每个人只能主张河边上宽十五英尺的一小块土地……[12]

在相对短的时间内,我们在小溪边上拥有了一个大型社区,因此因采矿区域边界而起的争吵和争执时有发生,但最后还是商讨出了一项协议,规定每个人拥有十平方英尺……[13]

伍德小溪(Wood's Creek)里挤满了矿工,对我来说,这是在加利福尼亚发现黄金之后第一次来到这里,我明白了一个矿工对矿地所有权的声明究竟意味着什么。1848年,矿工们没有任何基于拥有采矿权的矿地的土地分割——哪里含金量最高,他们就去哪里开采,经常可以看到四五个人同时在直径六英尺的圆圈内挖矿;但是……现在,他们正在用皮尺测量地界,以防止因地块分割而引起纠纷。[14]

执行私有权的成本不仅在缔约方之间增加,而且在外来者和已经通过合约组织起来的群体之间也增加了。随着土地劳动比的下降，迁移到一个新的黄金地区的成本增加了。比起承担这些更高的金矿搜寻成本，矿工们更倾向于选择使用更多的暴力或暴力威胁来夺取和维护土地私有权。被武力排除在外的人数越多，所需的内部人员或签约者人数就越多。正如预测的那样，随着团体规模扩大，土地分配合约执行成本的增长速度低于分成合约执行成本的增长速度。例如，在爱荷华营地，

> 一小群美国人抱怨说，每当他们发现一个新的峡谷，并试图挖掘的时候，声称峡谷是自己的、团队更大的智利人就来撵他们走。最后，智利人的行为变得难以忍受，除非采取措施来抵消他们的主张带来的影响，否则可能导致实际的敌对和流血。该地区的矿工召开了一次群众会议。这次会议决定通过一项法律守则，定期确定主张的矿地大小、地点和所有权。[15]

在1849年的另一个案例中，有个大约12人，自称"粗犷公司"（Rough and Ready Company）的群体在如今的内华达县西南角发现了一处高含金量的砂矿。他们试图秘而不宣。每当有一小群矿工在他们附近开采时，他们就会成群结队跑过去，告诉这些人说他们是非法入侵者，必须离开。这种做法见效了一段时间，直到兰道夫公司（Randolf Company）出现并拒绝离开。这两家公司没有起争斗，而是同意把峡谷分成两半，各自开采。粗犷公司的领导离开营地，到东部雇佣劳动者。等到他返回时，其旧营地里

有超过500名矿工。每个人都标出一块土地,这样他就"必须购买一处矿地"才能开矿。[16]

我还可以举出更多的例子,但很少能够清楚地揭示这一过渡时期的性质——在这个过渡时期里,土地的私有产权通过合约被确立。[17]

矿工实际达成协议或合约的过程被称为"矿工会议"。在下面这段与四九年淘金者(Forty-Niners,1849年到加利福尼亚淘金的人)中的一位的访谈记录中,有对这一和谈过程的绝佳描述:

> 仅仅几个小时的劳作就让发现者们确信,那里的黄金数量不少。……很快,消息就传开了。不到一个星期,就有十五到二十人在……河床上淘金。起初,营地没有任何的组织或政府部门,每个人都以他自己的权利和正义观来行事。每一位矿工都挑选了一个"工作地点",起初毫无越界侵占土地的问题,直到他们作业范围扩大,彼此间的距离越来越近。大约在营地建立后的第一个星期结束时,两名矿工因作业范围的靠近,引发了一场关于矿地范围的争议。其中一名矿工认为他的权利受到了侵犯;几天后,经过多次对话,他的朋友们向营地(当时营地人口已增至五十人或更多)提出了一个非正式的口头请求,要求在晚上召开矿工会议。当新营地的矿工集合后,其中一位朋友要求大家安静下来(以便开始会议),并提名一位常设主席,结果这个人立即当选了。

这次会议的结果是，具体规定了他们的决策将管理的地区界限。在这个案例中，管理的矿区大约3英里长、2英里宽。在这些边界内，允许每个人对一块特定大小的土地提出所有权主张。[18]

1849年出现的这些原始合约，如今能找到的已经很少了。许多合约从未形成书面文件，而即使是那些形成书面文件的，大部分也都在早期一场波及所有采矿城镇的大火中烧毁了。[19]根据现存的少量文件，以及当时观察者的阐述，可以拼凑出以下内容：

1. 不止一个地区选择分成合约来分配产权。

2. 每一次矿区会议选择的都是土地分配合约。在该合约中，每个参与者都能获得一块被（合约）指定的矿地的私有权。

3. 许多小型的采矿团体依旧采用分成合约，但也只是在其所属的大团体分派给他们矿地之后才采用。[20]几乎所有1849年以后开始采矿的地区，在其原始合约中都有特别规定，如采矿工们强烈要求，允许他们自行签订分成合约。[21]

4. 每一位矿工都会用木桩标出自己的矿地界线。木桩上通常贴上一则公告，告知别人此处土地权利主张者的身份，或是非法侵入的后果。比如：

> 敬告各位，根据清溪地方法律，此处沿深谷五十英尺地带是我的矿地，并受猎枪修正案保护。[22]
>
> ……任何非法入侵的人，都将受到法律的严惩。此言绝非儿戏，如果必须诉诸法律，本人将不遗余力坚决捍卫自己的权利。在此，我善意地警告你们当心一点。[23]

5. 这些早期合约通常包含一项规定，要求每位矿工每周必须在其矿地上开采规定的天数。

6. 只要个人遵守这一规则，其他矿工就会帮助他驱逐那些潜在的"强占者"（jumpers），或那些侵犯他私有权的人。如果矿工不遵守合约条款，他的土地就会被其他人视作非私产性的，并向任何强占者开放。[24]

看来，当人口增长到一定阶段时，即矿工数量多到能够执行其私有权的时候，"社区"就会形成。我只找到了一个外来矿工比原有矿工多的社区例子。对这一史实的说明，来自一位当时在场的矿工，他清楚揭示了建立私有产权时所面临的局限条件：

> 第一批抵达沙洲的矿工占据的矿地面积都非常大，很快就把整个沙洲都占满了。那个地区到处都是矿工。他们被一篇日进斗金的报道吸引到此，涌到河里淘金，以至于看到他们营地的帐篷和篝火景象，让人以为这是一支庞大的军队。没有土地的矿工数量，远超过那些侥幸拥有矿地的矿工。为制定法律，矿工们召集起来开矿工会议。那时，矿区营地采用的是少数服从多数原则（majority rules），大家投票决定将土地的面积缩减到40英尺。那些拥有土地的人无力抵抗，只好顺从多数人的意志。随后，依照矿工到达矿区的时间顺序进行登记，并按这个顺序让矿工挑选中意的土地地段，直到分完。即使如此，还是有一大群人感到失望。[25]

需要注意的是，矿工会议中的多数派永远都能获胜。我有将近200份矿工达成的分派私有土地权利的合约副本。每份合约都是通过少数服从多数原则来决定合约条款内容的。当然，在协议缺失的场合，暴力就会成为分配手段。即使我们假设矿工们彼此射杀的能力大致上是相等的，多数派还是会决定决议的结果。还要注意的是，优先挑选土地的特殊待遇，给予了那些最早到达该地区的人。

到1849年年底的时候，很多矿工开始把他们关于财产的协议形成书面文字。在公驴峡谷（Jackass Gulch）的矿工之间，就有这样一份很有代表性的合约，其中有如下规定：

1. 每个人都能保留"一项因占有而获得的矿地"，但"不准超过100平方英尺"。

2. 以购买方式持有一处或多处矿地，"必须有销售单据，并由两名无利害关系的人证明签名和对价的真实性"。

3. "由五人组成的陪审团决定任何由既有合约条款引发的问题"。

4. 主张采矿权的矿地告示必须张贴在选定的土地上，且必须每十天更新一次，"直到这些矿地通水，能在其上进行作业"。

5. 一旦有足够的水用于采矿，除生病、事故或其他合理的理由外，"超过五天未出现在前述矿地上"，将丧失该矿地。

6. "这些规则扩展到公驴峡谷、士兵峡谷及其支流途径区域。"[26]

1849年以后，矿工的合约格式就很少发生变化了。1856年，凯尔西区（Kelsey District）的矿工达成了以下合约，尽管更详细，但与1849年的合约非常相似。

1. 凯尔西矿区，包括该城及距离它1英里内的范围。

2. 在已开采过的老矿区上主张拥有采矿权的矿地，面积应是150英尺长，60英尺宽。

3. 在新发现的深谷、河岸和地表主张的矿地，面积应是100英尺长，50英尺宽，发现者还有权额外获得一份矿地。

4. 占据关键位置的山丘区新矿地，面积应是100英尺见方，发现者也能额外获得一份土地。

5. 应为该矿区指定一名记录员，职责是将该矿区一切矿地记录在案。

6. 在这些法律通过后，任何人确立了矿地位置，但是没有在定位后5天内申请记录在案，将失去其矿地；或者购买矿地，但不在记录本上申请变更所有权登记，也会失去矿地。

7. 所有按上述要求登记的矿地，如果登记者在水资源尚不够用于采矿的整个时期都有去登记，那矿地就依然由其持有。

8. 在旱季或更长时间内，任何人持有其矿地，就必须在有可供生产使用的充足水资源后的10天内，在该矿地上开始采矿活动，除非是生病不能工作。否则，将失去矿地。

9. 在有充足水资源可供使用后，任何人如果超过5天没在其矿地上采矿，将失去该片矿地，除非生病，或者是发生在一年当中的7月1日到11月1日期间（在此期间，矿工可以在未开采的情况下继续保有矿地）。

10. 矿工只有在解决涉及矿地或开采利益的争论或难题时，才能做仲裁人或陪审员。

11. 每个人都可以持有一处购买的矿地，和一处通过抢先占有并按上述法律要求开采的矿地。

12. 记录员应该保留一份凯尔西地区开采法的副本，并将其一直张贴在镇里的某处公共场所。

13. 每项矿地记录，记录员可收取1美元的费用；每项购买转让记录，可收取50美分的费用。[27]

矿工用来分配矿区土地产权的合约，已经有了明确的结构。[28]几乎每一份合约都做到了以下几点：

1. 界定了矿区土地的地理边界，使合约条款在边界内对所有个体有约束。

2. 分派给每个个体开采某块土地的私有权。

3. 规定了每处矿地的最大面积。

4. 列举了要维持矿地私有权必须满足的条件。这些条件可能包括：标注矿地边界，由某个指定的高级职员记录矿地产权信息，以及在矿地开展一定时长的工作。

5. 指出一个人在某段时间内能够拥有的最大矿地数目，不管是来自抢先占有，还是购买。

6. 确立一些执行措施。

第一部分提出的理论含意着，当使用某种资源的权利价值增加的时候，人们就会同意对其利用该资源的行为加以约束，一份显性的合约就会出现。我们已经证明，给定争夺资源使用权的人数变化，合同的选择是可以推测的。我们发现，几乎是在加利福尼亚一发现金矿，就形成了显性的合约。起初使用的是分成合约，但随着1849年采矿人口的增加，土地分配合约出现了，并在我有记录的每一个采矿营地使用。

在这整个研究中，我选择了显性合约作为对理论上的产权概念的佐证。但合约文件和规则清单本身，并不足以证明人们的行为受到了约束。因此，为论证实践中矿工合约对行为的约束就是以一种与理论上的产权局限相似的方式运行的，我提供了以下证据：

1. 从1849年到1866年，矿工都动用了稀缺资源，来达成和执行合约规定。一旦发现有人违反规定，就会立即受到惩罚。[29]

2. 从1849年起，一直到整个1850年代、1860年代，可以看到，矿工们投入了成千上万美元开发他们的矿地。诸如挖掘水沟，修建淘金槽、水坝、轮碾机，甚至开通用来开采石英金矿的隧道。这些投入往往在数月甚至数年之后，都不能产生正的收入流。也就是说，矿工的行为，就好像他们拥有某种持续开采权利的预期一样。

3. 到了1850年，大多数地区都允许矿工买卖土地。不久以后，买卖土地已经完全普遍化了。一些富含黄金的土地卖到了高达数千美元。[30] 如果说不存在私有产权，那不会有人购买。

4. 1866年，联邦政府通过一项法案，允许矿工无条件继承他们在矿区的不动产（fee simple absolute）。1867年，政府只确证了

4个拥有产权的矿地。1869年和1870年,总共确证了6个。[31] 当然,这一点并不能证明矿工就此拥有了产权,但却说明,对于大多数矿工来说,与从政府确权(认可产权)中获得的额外收益相比,为此所付出的代价是不划算的。

5. 1866年,《矿产开采法》正式认可(承认)了矿工在先前的公共土地上的私有使用权。由于联邦对于产权的认可和保护,如下表所示,此后黄金总产量已不再发生大的变动了。

年份	黄金总产量(美元)[32]
1865	17 930 858
1866	17 123 867
1867	18 265 452
1868	17 555 867
1869	18 229 044
1870	17 458 133
1871	17 477 885

6. 1868年,政府代表J. 罗斯·布朗(J. Ross Browne)对数百个金矿的历史和当时的经营状况进行了详细的报道。我能发现,1866年以后,资源分配方面并没有发生过系统性的变化。[33]

总而言之,本章已有的证据还不能证伪我的这个假说:随着淘金人数增加,矿区土地升值,这将演化出界定、分派和执行个人对矿区土地的私有权的显性合约来。

在余下章节中，我会更详细地研究合约的结构，特别是关于以下方面的规定：1.土地的分配；2.持续拥有权的条件；3.购买额外矿地的限制；4.强制执行的方法。从第一部分提出的理论出发，将根据加利福尼亚黄金矿工所订立的真实合约，推导和检验额外的含意。

第八章
暴力与产权初始分配

本书前三章指出，暴力，无论是威胁使用还是实际使用，在财产权利的分配和执行中都起着重要的作用。这一假说的含意现在将利用加州淘金热期间的实际局限条件得到。

到1850年，矿工合约形成了一种明确的条款结构，它从各种边际上约束着行为。在1849年至1866年形成的大约500个矿区中，我收集了180个完整的记录，包括106个砂金矿区和74个石英金矿区。对这些合约的仔细检查揭示了第七章所讨论的许多相似之处。更重要的是，合约之间存在几个显著的差异。第一，在原始的分配过程中，每名矿工所获批的土地数目，不但在矿区间，而且在同一矿区内，都有很大的差异。第二，在分派个人矿地后，一些地区允许出售这些矿地，另一些地区则不允许出售。第三，大多数合约都有一项规定，要求矿工在其矿地上开采满规定的时间，作为继续拥有的条件。这些开采要求从每3天里必须工作满1天到每6个月必须工作满1天不等。我将在本章和下一章对这些不同之处中加以解释。

矿区内的土地权利分配

第二章提出了暴力分配资源理论。这一理论含意着，给定个体开采和使用暴力的相对能力以及土地的相对生产力，可以推测出土地的相对分布。抛开签约所带来的收益，没有矿工会同意那种分派给他的土地比通过个人暴力所能得到的土地少的合约。合约要达成，合约各方之间私有土地权利的分配必须优于无合约情况下的分配。要推测这一结果，我们必须具体指出淘金热时期真实存在的矿工和土地的相关特征。

暴力方面的相对能力

在1848年至1866年期间，加利福尼亚的矿地是一种非私产性资源，因为似乎没有明确的法律局限条件影响着矿工的行为。在获得私有采矿权上，矿工可以从一系列分配方法中选择，包括使用暴力或威胁使用暴力。由于使用暴力的能力是所有产权的基础，每个矿工至少携带一支手枪。[1]这可能会大大降低强者对弱者施暴的优势。虽然有些人在暴力方面可能保持了一些优势，但枪支减少了在这些能力上的差异。因此，枪（在北美）也被称为"均衡器"（the equalizer）。

采矿方面的相对能力

在这段时期,砂矿开采技术处于几乎不需要人力或非人力资本投资的状态。一到两天的劳动就可以制造一个摇金篮或小型淘金槽,或者可以用一个印第安编织篮做出一个淘金盘。据矿工们说,大部分的技能都集中于淘金过程,这些技能只需一两个小时就能掌握(长短取决于个人能力)。在加利福尼亚金矿区,耐力(endurance)是最宝贵的人力资产。夏季气温达到110°F[1],矿工们一连几个小时站在由冰川融水汇集而成的河水中淘洗金沙。极端的温度变化导致很多矿工死亡。使用鹤嘴锄或铲子,摇动摇金篮,将水倒入淘金槽,所有这些需要的是耐力,而不是靠学来的技巧。加州之行,无论是走海路还是陆路,杀死了数千名潜在的矿工——那些弱者和不幸的人。[2] 这与疾病和艰苦的工作相结合,使得采矿人口减少到只剩那些极具耐力的幸存者,因此也就显著降低了个体采矿能力的差异。

土地的相对生产力

虽然个人在开采或暴力方面的能力似乎没有很大的不同,但整个金矿区每平方英尺土地的黄金产量却有着显著差异。在某种程度上,这种差异是可以推测的。例如,矿工们很快就发现,流

1　约合43.33℃。

动的水从含金量丰富的地下矿脉向下游输送黄金颗粒。这些粒子最终会附着在河岸的裂缝中,因此,岸边陆地通常比离河岸更远的陆地富含黄金。考虑到黄金的重量较重,大的金片只能被快速的水流携带。如果流速减慢,较大的粒子就会沉到河底。因此,河流弯道凸起的一侧(该侧流速较慢)经常发现丰富的黄金。这些泥沙和黄金沉积的地方叫"沙洲"(bar),早期大部分采矿活动都是在上面进行的。这些地区的名称反映了它们的地理位置,比如响尾蛇沙洲、斯科特沙洲、比德韦尔沙洲和摩门沙洲,等等。

含意

鉴于这些关于开采和使用暴力的相对能力以及土地生产力差异的观察,我的理论含意如下:在任何分派个人开采某一特定土地的私有权的合约中,土地的价值与允许每个人开采的规模之间负相关。如果没有观察到负相关,这个理论就会被推翻。然而,在给出从采矿合约中所获得的数据之前,有几点需要详细说明。

首先,上述理论是基于这样一个观点,即产权是通过使用或威胁使用暴力来确立和维护的。然而,在1848年至1850年期间,加州出现了财产权,但几乎没有暴力事件的相关报道。[3]这并不能推翻这一假说。只要有每一位矿工使用暴力能力的信息,暴力威胁可能就足以维持私有权。我认为,一看到每个矿工后腰上别着一把六发式左轮手枪,就使得这类信息变得相对便宜,从而减少了实际暴力事件的发生。

其次，似乎传统的分配理论也意味着，土地生产力与合约中规定的土地劳动比之间负相关。根据这一解释，财富最大化意味着个人将以劳动的边际产出相等的方式，将同质的劳动单位分配到不同的地块上开采。相较于较贫瘠的土地，更肥沃的土地将获得更多的劳动投入。从逻辑上讲，这个理论不能用在这里，因为它必须假设我试图解释的事物——私有权的存在。所有资源都是能无成本执行的私有财产的假设是传统分配理论的基础。这一理论不能解释合约结构的其他方面，如对交换的限制和最低作业要求。而这两种观察都很符合暴力理论。

再次，由于黄金通常是在地表土壤下面发现的，因此一片土地的黄金产量只能由实际的采矿作业决定。在采矿开始之前，这块土地必须分给相互竞争的矿工。合约中矿地的大小将取决于预期产量，而不是采矿后的实际产量。虽然期望值是不可观测的，但如果我们能找出一些对矿工预期产生可预测影响的可观测变量，这个理论可能仍然是可验证的。幸运的是，通过对采矿技术和形成砂矿的地质过程的考察，我们发现了一个重要的变量——矿地离水源的距离。

第五章中对砂矿开采技术的一项调查揭示了这样一个事实：接近水源地大大降低了开采黄金的成本。考虑到这一技术局限条件，我们有可能按采矿成本递增的顺序排列各种矿地位置：1. 位于一条溪流或河流边的矿地，通常称为湿地或沙洲；2. 位于峡谷或深谷中的矿地，这些峡谷或深谷在一年中某一时段会有水流经过；3. 刚好露出水平面的"平地"上的矿地，可建水渠或水槽从附近河流引水到这些矿地。4.山上矿地，这种矿地只能将矿土运到水边或将水抽到山上。

一项关于金矿形成的研究揭示了这一排序的另一个原因。正如我已经提到的，黄金比周围的大部分元素都重。随着时间的推移，它有沉积下来的趋势，它会侵入地表土壤，直到沉淀到基岩上。水流在河床、峡谷或深谷中的运动侵蚀了大部分表土，使基岩裸露，从而减少了获得黄金所需的工作量。在只高于河面的平地上采矿，矿工必须移除4到20英尺表土，才能挖到金矿土。而在山上掘金，有时则需要往下挖100或200英尺。这些观察进一步证明了采矿成本随离水距离增加而增加这一假设。

由于土地的预期净黄金产量既取决于可采黄金的总量，也取决于获取黄金的成本，因此，随着成本的增加，预期净黄金产出将下降。如果我的假设是正确的，那么（地区合约规定的）矿地面积会随着离水源距离的增加而增大。如果该地区位于所有矿地与水源的距离都大致相同的地方，那么矿地开采规模就会是一致的。

表8.1中的数字是对106个砂矿区合约条款进行实证调查的结果。这106个砂矿区约占1848年至1866年期间在加州形成的砂矿区的35%。按照每个矿区的名称，我已经列出了合约中规定的矿地类型。这些矿地类型包括湿地、山谷、平地、山地和河道。最后一类需要作一些阐述。正如第五章中所讨论的，矿工们经常修建水坝改变河流的流向，并在河床上工作。这些河床通常蕴藏着丰富的黄金，但修建大坝和挖沟的高昂成本肯定部分抵消了高黄金产量和近水的收益。因此，我无法事先对河道矿地和其他矿地

的预期净产出进行排序。为完整起见，我已指出那些对此类矿地做出规定的区域。

每个砂矿开采合约中测量的尺寸是表面积，在大多数情况下，长度和宽度是有明确规定的。然而，在计算峡谷和山地时出现了一些问题。峡谷矿地往往是沿着峡谷的长度确定的，宽度则受到两岸的限制。这使得人们很难从合约中确切地看出一项峡谷矿地到底有多大。根据早期地质测量师的报告、县的历史照片以及一些合约本身所记载的数据，可以肯定，在大多数情况下，这些峡谷、山谷和溪流的宽度很少超过50英尺，而且通常更窄。同样，在测量山地区域方面也存在问题。许多地区以"沿着山的前部，无限延伸到山中"或"到山的中心"来衡量这些矿地。根据我从早期的地质报告、合约、照片和报道中得到的信息，到山中心的距离很少少于400英尺。[4]如果合约没有对这些山地矿地的长度做出具体规定，我就假定这些矿地是不受限制的，只要矿工仍在该地区的边界内，就由他们自行决定。

表8.1中的数据表明，106个砂矿区中，有43个选择以合约方式对不同的矿地进行区分。除了少数几个明显的例外情况，它们似乎都遵循了预想的模式。上尤巴（97）、新卡纳卡营（70）、俄亥俄平地（73）和哥伦比亚（14）都选择区分矿地类型，但对每种矿地都提供了相同的允许开采的范围。威洛洼地（104）和康塞特山（15）允许开采的平地面积比山地面积大，而拉夫洛克（54）和亨利矿区（32）允许开采的平地面积比峡谷面积小。

其余63个区没有按地点区分的合约规定。从合约本身的描述

表 8.1 砂矿区：矿地规模的规定

砂矿区	土地规模（英尺）				
	湿地矿地	峡谷矿地	平地矿地	山地矿地	河道矿地
1. 大峡谷 [114]		50×100	80×100		
2. 大奥克弗拉特 [68]		225 – B*			150 – B
3. 布莱森山 [147]			100×100		
4. 波迪 [147]		400×100	250×250	200 – C†	
5. 布朗平地 [68]			100×100		
6. 布朗斯维尔 [147]		200×100		100 – C	100 – B
7. 布拉什溪 [25]	60×60				
8. 森特维尔/地狱镇 [147]		150×40	100 – 山地	100 – 00‡	
9. 切罗基平地 [147]			100×100		
10. 智利营 [68]		30×30			
11. 中国营 [87]		20×20			
12. 清溪 [119]		50 – B			
13. 科尔德斯普林斯 [141]	50–B		100×100		
14. 哥伦比亚 [18; 68]		100×100	100×100	100×100	
15. 音乐会山 [6]		200×200	200×200	60×600	
16. 宪法山 [147]				100×100	

(续前表)

砂矿区	湿地矿地	峡谷矿地	平地矿地	山地矿地	河道矿地
17. 民主党峡谷 [147]		300 – B	300 – 00	300 – 00	300 – B
18. 荷兰平地 [56]		90×20		50×200	
19. 北特里尼蒂东支流 [147]					300 – B
20. 伊尔河 [97]		100 – B	100×100	100×100	
21. 埃尔多拉多 [120]					排干后的大小
22. 帝国山 [147]				100×100	
23. 埃斯梅拉达 [100]		100×100		50 – C	
24. 福布斯镇 [93; 147; 19]		16×16			
25. 比尤特支流 [147]	200 – B		500×1 500	150 – 200	
26. 弗伦奇溪 [147]	100×200	150×200	100×50	100 – C	
27. 盖特 [128]					
28. 吉布森维尔 [147]	30×100	30×100		30×40	
29. 金山 [147]					
30. 戈尔德斯普林斯营 [68]			100×100		
31. 格里利平地 [147]			200×200		
32. 亨利矿区 [147]		300×300	250×250	100 – C	250 – B

(续前表)

砂矿区	土地规模（英尺）				
	湿地矿地	峡谷矿地	平地矿地	山地矿地	河道矿地
33. 亨格里溪 [147]					300×300
34. 亨特山 [121]				50×50	
35. 伊利诺伊镇 [147]		300×300	300×2 600		
36. 印第安沙洲 [140]	40×40				
37. 印第安斯普林 [147]				80×80	
38. 印第安纳大牧场 [147]			100×100		
39. 因斯基普 [147]	300×300	300×300		100 − C	
40. 爱尔兰山 [122]				200×100	
41. 公驴大峡谷 [75; 68; 138]		10×10			
42. 杰克逊维尔 [66; 68; 138]	12 − C	12 − B		12 − C	
43. 詹姆斯敦 [68; 138]			100×100		
44. 杰麦逊山 [147]				80×80	
45. 辛克申布拉夫 [101]			80×180		
46. 凯尔西 [140; 147]			100×50	100×100	
47. 肯塔基山 [147]				60×60	
48. 拉格兰奇 [68]	100×150	150×150	100×200	100×800	150 − B

(续前表)

砂矿区	土地规模(英尺)				
	湿地矿地	峡谷矿地	平地矿地	山地矿地	河道矿地
49. 小汉巴格溪 [147]					300×150
50. 隆斯塔 [126]				300 – Thru§	
51. 下布拉什溪 [8]					60 – B
52. 下卡拉维里塔斯 [147]	150×100		200×100	100 – 00	
53. 下汉巴格溪 [147]		300×120	300×100	100 – 00	
54. 拉夫洛克 [147]		300×120	300×100	100 – 00	
55. 马加利亚 [147]		500×200	1 000×900	300 – C	
56. 主小汉巴格溪 [147]					300×200
57. 马默斯普林 [8]	60 – B				
58. 马什溪 [147]			2 640×2 640		90 – B
59. 玛丽矿区 [147]				60×60	
60. 马萨诸塞山 [10]				10×10	
61. 密歇根沙洲 [9]	16×16				
62. 迈纳仓库 [123]			100×100		
63. 密西西比山谷 [124]			80×180		
64. 蒙特苏马 [68]			100×100	100×300	

（续前表）

砂矿区	湿地矿地	峡谷矿地	平地矿地	山地矿地	河道矿地
65. 芒德斯普林斯 [141]			100×100		
66. 普莱森特山 [141]				100×100	
67. 普莱特山 [147]		150 – B	300×300	400 – C	150 – B
68. 墨菲斯 [147]			100×100	100 – 00	
69. 迈尔斯谷 [125]		100×100			
70. 新卡纳卡营 [139]	200 – B	50×200	50×200		
71. 北圣胡安 [18]			180×80		
72. 共济社 [147]		100 – B	100 – 00		
73. 俄亥俄平地 [147]		100×100	100×100	100×100	
74. 俄勒冈峡谷 [147]		100×100	100×100	100 – 00	
75. 奥罗菲诺 [147]			300×150		
76. 奥罗维尔 [25]			60×100		
77. 派勒山 [139]		150×50	200×100	100 – 00	
78. 普莱森特平地 [8]	60 – B				
79. 波弗蒂山 [68]			10×10	30×30	
80. 普罗斯佩克特山 [147]				60×60	

(续前表)

砂矿区	土地规模（英尺）				
	湿地矿地	峡谷矿地	平地矿地	山地矿地	河道矿地
81. 帕克维尔 [147]			200×100	100 – C	
82. 罗得岛山 [147]				100×100	
83. 里奇峡谷 [147]		60×30			
84. 罗克溪 [8]	100 – 00				
85. 罗克韦尔山 [147]				100×100	
86. 圣路易斯 [147]			100×100		
87. 锯木厂平地 [68]			100×100		
88. 肖村平地 [68; 139; 9]			100×100		
89. 史密斯平地 [104]	50×100		150×300	150 – C	
90. 斯普林菲尔德 [68; 75; 139]			100×100	100 – Thru§	
91. 斯塔山 [56]				30 – 00	
92. 萨克平地 [147]		100 – B	100×120		
93. 斯威特兰 [75]			30×30		
94. 特里加斯基平地 [116]				25 – 00	
95. 塔特尔镇 [68]			100×100		
96. 上怀里卡 [147]					150×150

(续前表)

砂矿区	土地规模（英尺）				
	湿地矿地	峡谷矿地	平地矿地	山地矿地	河道矿地
97. 上尤巴 [147]	30×30	30×30		30×30	30 – B
98. 瓦莱西托 [26]	60×60				100×60
99. 沃伦山 [147]				100×125	
100. 华盛顿山 [147]				100×100	
101. 威弗溪 [147]	30 – 00				120 – B
102. 潮湿峡谷 [147]	60 – 00				
103. 威洛沙洲 [9]	18 – 00				
104. 威法洼地 [8]		100 – B	100×100	60×60	
105. 扬基山 [68]			100×100		
106. 约克镇 [68]			30×30		

资料来源：括号中的数字表示合所在地的书目来源（见书末参考文献）。

★受溪岸或峡谷两岸（banks of creek or gulch）限制的矿地。

†受山的中心（center of hill）限制的矿地。

‡没有规定限制的矿地。

§穿越山（through the hill）的矿地。

和地质调查所得的资料来看，这些地区内的土地，在我所列举的特征方面，似乎大致相同。[5]帝国山（22）规定，"在这座山上，允许每个人主张拥有的矿地面积为100平方英尺"，这表明所有采矿作业都发生在山上。小汉巴格溪（49）规定，"每处在小汉巴格溪开采的区域应是沿着小溪上下游各自延伸100码长范围，并应有150英尺宽，"这表明在这一地区的矿地是在小溪上。格里利平地（31）矿区允许"该地区的所有矿地都是200英尺长200英尺宽，并有权向鲁滨逊山、草莓花园布拉夫或费瑟河方向延伸一条20英尺宽的畜力车道，以便能用手推车运送需要淘洗的金沙"。这表明，所有矿地都是在几个水源附近的一个平地上。所有这些矿区都允许统一的矿地规模。

这个假说尚未被证据所推翻。看来合约规定的矿地规模与土地预期价值负相关。

对这一理论的复检是通过观察得到的，即我所记录的21个矿区，允许对先前已开采矿地申请不同规模的土地。[6]其中，有13个矿区允许对原始合约进行修订，而8个矿区在原协议中规定了已开采土地的例外情况。由于已经开采过一次，每平方英尺已开采的土地的预期产量将更低。这一假说意味着，每平方英尺已开采土地的预期产出会相对较低。假说的含意是，已开采土地允许拥有的矿地面积会比未开采土地允许的面积要大。从表8.2可以看出，这种情况毫无例外。此外，这一时期的观察人士报告说，一般来说，各矿区允许一名矿工享有的已开采土地要多于未开采土地。[7]

矿区间的土地权利分配

在没有任何协议的情况下，暴力理论含意着相同个人拥有私有权的土地数量与土地生产力之间负相关。在这种情况下，"矿区"没有任何意义，在整个金矿地区，我们能预计到土地劳动比将随着土地生产力的下降而增加。如果一个矿区是通过一项合约形成的，即所有在场的矿工在该合约下都接受一组产权，那么合约规定下每名矿工拥有的矿地规模将与暴力施压下形成的矿地规模一致。

现有数据无法直接检验这一含意。由于黄金在整个采矿区的分布不同，一个矿区的山地可能比另一个矿区的平地高产得多。这可以抵消购置水的额外成本，因此，其地理区域分配的山地矿地面积可能比在另一个地点的平地矿地面积小。为了说明这一问题，我计算了每一矿地类别的平均开采面积，结果如下：湿地矿地为 11 003 平方英尺，峡谷矿地为 19 270 平方英尺，平地矿地为 203 320 平方英尺。由于山地中有许多没有明确规模限制，因此没有计算山地采掘的平均土地规模。虽然各地区的矿地规模看起来与预测的那样各不相同，但方差分别为 448 740 平方英尺、810 670 平方英尺和 1 013 460 000 平方英尺。虽然有强烈的迹象表明论点是正确的，但方差的大小使得零假设不能被排除在 80% 的置信度之上。而直接检验所需的是每个地区每平方英尺的黄金产量，但我没有证据表明有哪个地方存有这方面的信息。下一章会有一个间接检验——我拥有其所需信息——我会对其进行解释。

表8.2 砂矿区：已开采矿地条款

砂矿区	合约修订		已开采矿地条款	
	原始合约	修订后合约	新矿地	已开采矿地
1. 布朗斯维尔	100 − C	200 − C		
2. 大奥克弗拉特			50 × 100	50 × 150
3. 智利营			30 × 30	50 × 50
4. 中国营	20 × 20	300 × 300		
5. 福布斯镇	16 × 16	100 × B*		
6. 弗伦奇溪	150 × 200	300 × 200		
7. 盖特			100 × 50	150 × 50
8. 亨特山	50 × 50	100 − C		
9. 印第安斯普林斯	80 × 80	100 × 100		
10. 公驴大峡谷	10 × 10	100 × 100		
11. 杰克逊维尔	12 − C	50 − C		
12. 凯尔西			100 × 50	150 × 50
		30 × 40 之后		
13. 马萨诸塞山	10 × 10	100 × 100		
14. 普莱森特山	100 × 100	300 × 300		
15. 墨菲斯			100 × 100	100 × 150
16. 俄亥俄平地	100 × 100	100 − 山地		
17. 俄勒冈峡谷	100 × 100*	250 × 250*		
	100 − C†	150 − C†		
18. 波弗蒂山			30 × 30	50 × 50
19. 斯威特兰	30 × 30	80 × 180		
20. 瓦莱西托			60 × 60	100 × 60
21. 约克镇			30 × 30	50 × 50

数据来源：见表8.1中合约所在地的书目来源。

★ 湿地矿地。

† 平地矿地。

第九章
暴力与产权限制

"限制"(restriction)是原始合约中的一项条款,它限制了个人在使用所分派的财产时的选择,并适用于任何其他可能通过后续交易获得该产权的人。这些限制必须区别于资源所有者对购买其财产部分权利的其他人所施加的限制(limitation)。如果我拥有一辆汽车,并决定将该汽车的某些权利出租给其他人,我可能会选择限制租车人的最大行驶里程数、最高车速和目的地。我也可以对自己的车能够装运的货物类型、最大载客量进行限制。这些限制是由所有者决定的。如果汽车卖断给他人,新的车主可以自行修改或解除限制。原始合约所规定的限制是对资源使用的具体限制,所有者不得变更。只有改变原始合约,才能改变或取消限制。例如,尽管我拥有自己的房子,但我也不能在这栋房子里赌博。这一限制适用于该具体合约所涵盖的地理范围内的所有住宅,任何一个财产所有人都不能改变这个限制。为什么会有这些限制呢?为什么一群人会选择限制他们自己使用资源的权利呢?[1]

产权限制理论

在一个签约成本为零的世界里,产权上的限制永远不会存在。如果一群个人可以毫无代价地聚集在一起,就如何分配所有资源的权利进行协商,并以零成本执行这些协议,那么就没有经济上的理由去限制任何所有者使用其财产。如果所有受个人行动影响的人们都能够以零成本得到赔偿,那么对这个人的唯一约束将是他的预算。[2] 如果我付钱给任何财产价值被我的决定所影响的人,那么我就可以在我自己家里赌博。[3] 同样,我可以焚烧垃圾,猎杀野生动物,或者以任何速度驾驶我的车。事实上,只要别人变动的财产价值能得到补偿,那么我就可以用自己的财产做任何我想做的事。因此,由于存在正的签约成本,必须限制资源的使用。

正协商成本的影响

为了将各种签约成本要素的影响分开,假设协商成本为正、执行成本为零。在该假设下,某些资源将保持非私产性,因为与达成一致和分派私有权有关的成本大于通过竞争而消散的收入。这只是由第三章所提理论的一个含意。[4] 非私产性财产的存在,将导致意图获取某些由该资源产生的收入的个人行为出现。而在竞争下,这项收入将会消散。[5] 即使不给一种资源分派产权,也有可能通过限制某些允许的替代性用途来减少其收入流的消散。例如,假设所有资源都是私有财产(exclusive property),只有一片水域不是。这片水域产生收入的方式多样，如钓鱼、游泳、划船等。如果对这一收入的竞争是不受限制的，部分或全部收入可能会因过度捕捞而消散。通过在原始合约中限定该水域的捕捞方式，可以减少这种消散。这可以通过限制允许捕鱼的时间、网的大小或任何其他方式来实现。可以想象，我们可以对水域的使用施加足够的限制，使得生产决策与存在私有权下的决策完全相同，并将消散减少到零。对限制的协商需要一些成本，而且想必限制越多，这些成本就越大。假如为一个或多个限制进行协商的成本比为私有权进行协商的成本要低，则减少消散的协商就会达成一致。

值得注意的是，这些限制都与非私产性资源的使用有关。根据先前的假设，限制任何私有财产的使用是没有经济上的理由的。存在对私有财产使用的限制，不能用正的协商成本来解释。只要假定执行成本为零，原始合约中分配给每个人的私有权的价值就可以无成本地维持。所有者使用私有资源不会对另一个人的财富产生不利的影响。因此，对私有资源的使用权进行限制是没有益处的。

正执行成本的影响

假如我现在假定协商成本为零，且通过原始合约，可以将所有资源的使用权利分派给一人或多人。这样的话就不会有非私产性资源。由于存在正的执行成本，个人可能会选择不排斥所有人使用其财产。例如，如果有人烧了一堆火，把烟弥漫到了我的空气中，那么他就是在使用我的财产，降低了我的财产对我的价值。假如强制执行私有权的成本大于财产价值的降低，那么我不会试图去防止这种"盗窃"(theft)的发生。每个人都会尽量减少因"盗窃"而导致的财产价值下降，但他将受到执行成本的约束。财富最大化的假设隐含了这一点。在边际上，一个人因另一个人的行为导致其财产预期减少的价值，将会等于他用于维持初始价值和执行其私有权的资源价值。

一个人对私有资源的使用，会以各种方式影响另一个人所拥有的资源价值。有些很容易被发现和阻止，而另一些则较难被发现和阻止。例如，如果我的邻居白天在他的壁炉里生火，我就可以看到污染我空气的烟雾，并采取适当的措施强制执行我的财产。如果火是在夜间燃烧的，烟雾就较难被发现，盗窃也更有可能发生。任何行动都牵涉到多个资源的使用，其中一些资源比其他资源更容易被发现。在烧火例子中，要发现用空气扩散烟雾，成本可能非常高。但是，室内生火通常需要用到壁炉和烟囱，这是很容易观察到的。正是在这里，我们找到了限制私有财产的一个经济理由。通过限制房屋主人建造壁炉，可以降低强制执行空气产权的成本。限制所带来的收益，来自降低的那部分执行成本。

当然，限制并不是免费的。限制个人在使用财产方面的权利，将会降低这些权利的价值。在前例中，当壁炉受到限制时，房屋的价值就会下降。但是，清洁空气价值的增加和执行成本的相应降低可能会抵消这一影响。为了对这一假说进行实证验证，有必要明确一下任何特定限制对执行成本和受限活动的价值的影响。

淘金热期间对私有财产的限制

我们已经就加利福尼亚金矿执行成本的一般性质进行了讨论。为了从签署私有权合约中获得任何收益,必须具有"最初"的优势,并且在执行合约方面具有规模经济。如果合约达成,则矿工将面临两种一般执行机制的选择:他们应该雇佣一名专家来执行他们的权利,还是应该通过集体行动来执行这些权利?

暴力专家

雇用专家的潜在收益,与个人在开采黄金和使用暴力的相对能力上的差异直接相关,换言之,是与他们的比较优势直接相关。人们注意到,在加利福尼亚淘金热期间,采矿技术使得绝大多数矿工在获取黄金的能力上可能没有明显差异。同样地,六发式左轮手枪可能会消除矿工之间在使用武力解决分歧能力上的显著差异。这两个观察的联合效应,将会减少签约雇佣一名执行专家所能带来的收益。

在执行矿工合同方面,唯一专业化的迹象是任命了市长,或者相对应的美国治安法官(justice of the peace)。[6]

有几个采矿营地选出了一名通常没有任期限制的市长,作为发生采矿争议时的中间人。只要市长的决策得到大多数矿工的支持,他的权威就具有约束力。当多数人不同意时,矿工就会驱逐他,同时任命新的市长。没有任何迹象表明,市长本人使用个人暴力来执行矿工合约。

1850年,州立法机构废除市长职位,设立治安法官。每个地方都要选出一名治安法官,任期一年。在矿区,他裁决所有矿地纠纷案件。在选择选举治安法官的矿区,我找不到任何证据表明治安法官亲自使用武力来维护其他人的私有权。他们有时会组织一群或一队矿工来执行他们的决定。

从合约本身来看,似乎许多地区选择既不选举市长,也不选举治安法官。而是在发生违约行为时,冲突各方会各任命一名代表。这两人将选出第三人,这三人将对案件做出裁决。他们的裁决只有在该矿区的其他矿工会执行的情况下才有效。显然,在淘金热期间,由于受到种种局限条件的约束,没有选择专家。相反,矿工们通过集体行动强制执行他们的私有权。

规模经济、持续交易与产权限制

在没有任何专家使用暴力的情况下,执行合约条款就留给了每一个矿工。正如我在第一部分中所表明的,合约的存在取决于使用暴力的规模经济的实现,以及"最初"(最先占有并签约)的优势,这可能是因为持续交易的原则。这两个要素对减少初始签约团体的执行成本和防止收入的全部消散都是必要的。只要这两种因素中的一种或两种都能增加,执行成本就会下降。

综上可得,有两个重要变量在影响着执行成本的大小:在场的人数和每个人期望在既定矿区工作的时间长度。该地区的所有矿工都希望维持一定的人力库存,以便在使用武力方面实现规模经济,从而阻止外来者窃取他们的黄金矿地。通过延长每个矿工预期停留在该矿区的时间,遵守合约条款的预期收益将会增加,执行成本也会降低。请注意,通过提高离开该矿区的成本,可以增加人力库存和预期的时间。任何可能增加这些成本的限制,都会带来潜在的收益。当然,限制本身也不是没有代价的。接下来将考察这些问题。

各种限制的成本

要想让任何人离开矿区的成本变得更高,较明显的做法之一就是在金矿区的周围修筑一堵墙。这在阻止外来者接近上有一个额外的优势,或者至少增加了他们窃取矿地的成本。虽然节省的执行成本可能相当多,但与这一限制性程序有关的成本也不少。即使忽略因其非常有限的选择导致矿工财富的减少,光是修筑隔离墙本身的成本也可能太高了。在淘金热早期,一名矿工一天工作的平均回报约为20美元,这比得上在东部海岸工作一个月的工资了。因此,修筑围墙的时间非常昂贵。我找不到有关围墙或任何形式的限制性封锁的证据。[7]

作为一名经济学家,我认为矿工们可以为离开这个矿区的时间设定一个价格。如果一个矿工想要离开矿区,他可以按价格(每天多少钱)付款,就可以买到离开的权利。通过改变价格,矿工可以控制可用人力的库存和每名矿工预计留在矿区的时间。如果来自外来者的攻击威胁很大，那么缺勤一天的价格可以提高。当外部威胁消退时，价格就可以降低。使用这一方案会有一些成本产生。特别是，某个个体或群体必须统计每一位矿工的缺勤情况，收取缺勤费用，并提供某种机制来惩罚违规者。这些成本显然是过高了，因为我并没有观察到这种定价方案。

当时矿工可以采用各种不同的方式提高离开矿区的成本，但受想象力所限，我们没法全部都想到。这对经济学家来说是不幸的，因为除非我们能够具体指出所有的替代方案，否则任何假说的推测能力都是有限的。能对矿工实际采用的限制进行考察，我们就应该感到满足了。虽然该方法无法让我们推测出什么限制被采用了，但它应该揭示了一些信息，说明淘金热期间的真实局限条件是什么样的。有了这些新信息，我们就可以根据最初的假说，再根据边际上所观察到的行为变化，推导出假说的含意。接下来，我将考虑那些在加利福尼亚实际采用的限制——即对矿地进行交易的限制和对没有矿地的限制。我的理论是，这些对私有财产的限制，是为了减少强制执行私有权的成本。矿工们都在努力将自己的权利损失（该损失为竞争对手之所得）降到最低，但他们受到执行成本的约束。

观察到的交易限制和理论含意的实证检验

从1848年到1866年，由于在联邦、州或地区一级都没有任何有效的政府执法机构，因此任何矿工团体都必须维持一个人力资源库，以便将外来者排除在他们的矿地之外。其中一种方法是，一致同意不允许任何个人出售合约分派给他的财产份额。这意味着，任何想要离开其团体的人，都必须放弃其土地为其带来未来收入的权利，也就是他的矿地的现值。这一限制只要能够得到执行，就会提高任何想要离开该矿区的人的成本。[8]除了维持保护其收入不受外来者影响所需的规模经济外，这一限制还可以通过延长任何一名矿工在团体内的预期停留时间，降低团体成员之间违规行为的执行成本。

这一时期的大多数历史学家一致认为，在早期合约中，矿工确实禁止矿地交易。[9]到1849年年底，这一限制就被修改成允许每一位矿工有权出售自己的矿地，但只限于卖给那些没有其他土地的人。一名矿工如果没有土地，他可以向该地区的某个人购买一块矿地。通过允许这一修改，团体成员离开矿区的成本就比他不能卖给任何人时要低。但是假如他卖掉自己的矿地，就必须卖给一个目前没有土地的外来者。这样，矿区的人口就能保持原来的水平，并通过规模经济减少个人执行成本。

对个体矿工来说，在1848年至1850年的淘金热早期，这一限制的成本可能不是很高。正如我前面所指出的那样，鉴于这一时期的采矿技术，个人在采矿能力方面的差异是微不足道的。由于任一矿工在采矿上无法比其他任何人更成功,因此土地出售价值与使用价值间的差别微不足道。在使用淘金盘或摇金篮工作时,合并几项矿地并在更大范围内开采它们,成本并没有显著降低。因此,出售限制造成的财富损失相对较小。

1850年后,采矿技术发生了变化。淘金槽的发明增加了潜在的收益,怎么做到呢?将小的矿地联合起来,用一个大型淘金槽将这些矿地一并开采。水利采矿法使矿工们能够以仅相当于淘金盘或摇金篮的一小部分开采成本去冲洗大量的矿土。然而,挖掘沟渠以向矿地提供必要用水的成本,使得这些新技术仅仅是在大规模应用上是经济的。[10]

对矿地的出售和其所有权的限制,并不会禁止为了使用淘金槽和水力采矿法而合并土地,因为一群矿地持有者可以在不完全转让所有权的情况下合并其矿地。如果达成协议的成本随着所涉人数的增加而提高,这种将个人小额矿地合并起来的办法,就比将所有权集中在一个人手中要昂贵得多。淘金槽和水力采矿成为可能,提高了通过签约合并矿地的价值。对购买矿地的约束,会导致其中一些潜在的价值由于较高的签约成本而消散。不断变化的技术,增加了交易限制的成本。

根据这一理论,限制矿地交易的收益来自使用暴力的规模经济及随之而来的私有矿地执行成本的减少。当一个矿区出现矿地强占(claim jumping)的可能性较高时,这些收益的价值就会更大。这些限制的成本,部分可以通过因更高的签约成本和更少的技术选择而消散的收入价值来衡量。在适合淘金槽和水力采矿的矿区，潜在的消散大于不适合这些作业的矿区。如果我们能找出一些矿区，有较高的暴力可能性或较不适合淘金槽和水力作业，那么就应该存在着更高频率的交易限制。

在那些已知的黄金矿场的边界地区，失去私有开采权的威胁最大。位于最北部边界的是锡斯基尤县，从1850年代初到1870年，印第安人的袭击一直困扰着这个县。[11]在南部边境上，图奥勒米县不仅在淘金热早期遭受印第安人的袭击，还存在更加严重的种族冲突。图奥勒米县是来自智利和墨西哥的矿工北上经过的第一个和最富有的矿区。当第一批美国人到达这些矿区并试图采矿时，他们被南美人反复驱逐。通过群聚在一起并达成合约互相帮助，美国人能够对某些矿地保持一定程度的私有性。然而，在这些南部地区，强占矿地和谋杀的发生率比其他任何地方都要高。[12]1850年，加州议会通过了一项法案，对外国矿工征收每月20美元的采矿权税款。在中部和北部采区，美国人的数量远远超过外国人，他们帮助国家官员收取税款。如果外国人拒绝缴税，他们就会被逐出该地区，他们的矿地就被强占了。结果，大批墨西哥人被迫离开他们的矿地，前往南边的图奥勒米县，那是仅有的一个美国人占少数的县。[13]

虽然限制出售矿地的收益在图奥勒米的矿区很大，但潜在的消散却不大。这个县一直拥有富含金子的浅层砂矿床，但从1850年起，金砂矿地开始变得贫瘠。在其他地区，矿工们在砾石山底下发现大量金矿，并开始在砾石山采矿。[14]这些小山被强大的液压水管冲走了，矿石被冲到淘金槽里。除了几个丰富的矿藏，图奥勒米县缺乏这种砾石山。尽管该地区拥有较多的深层矿床,但由于这是黄金开采区中最干旱的几个县之一,因此,是否能够经济地开采这些矿床也是值得怀疑的。为了引进更多的水,挖了几条沟渠,但是要满足大规模的淘金槽和水力作业所需要的水,成本是非常高的。[15]

鉴于上述观察,我们的假说含意着图奥勒米县矿区限制销售矿地的合约条款应该比其他矿区多。表9.1最后一栏显示了关于所有权限制下权利的实证结果。该栏数字表示任一矿工可以拥有的矿地数量。当数量大于1时,这意味着一般允许每名矿工通过抢先占有(preemption)获得一块矿地,同时还可以从另一名矿工那里购买差额。例如,塔特尔敦的合约允许每位矿工持有两块矿地,一块通过先占获得,另一块通过购买获得,或两块都是通过购买获得。在106份砂矿合约样本中,23份有所有权限制。在我有记录的17个图奥勒米县的矿区(用星号表示)中,有9个矿区有所有权限制。相比之下,在图奥勒米县以外的其他89个矿区,只有14个县是有限制的。这些比例之间的差异在1%的水平上具有统计学显著性。因此,这个假说并没有被证据所推翻。

同样地,北部边境线上的锡斯基尤县由于多山的地形,显然不适合水力开采。从6份代表该县矿区的合约样本中可以看到,有2份合约是有限制的。[16]其余限制性规定是在阿马多尔、卡拉韦拉斯、埃尔多拉多、普莱瑟、尤巴和谢拉县的矿区发现的。

表9.1 所有权限制与工作要求

矿区	工作天数（每6个月）	例外	所有权限制
1. 大峡谷	30	D†	2
2. 大奥克弗拉特*		D	1
3. 布莱森山			
4. 波迪	26	D	
5. 布朗平地	30	D	
6. 布朗斯维尔	18	D	
7. 布拉什溪			
8. 森特维尔/地狱镇	26	D	
9. 切罗基平地			
10. 智利营*	36	D	
11. 中国营*	60		2
12. 清溪			
13. 科尔德斯普林斯			
14. 哥伦比亚*	60	D	1
15. 音乐会山	18		
16. 宪法山			
17. 民主党峡谷	18	W/D‡	
18. 荷兰平地	26	D	
19. 北特里尼蒂东支流			
20. 伊尔河			
21. 埃尔多拉多			
22. 帝国山			
23. 埃斯梅拉达		D	

(续前表)

矿区	工作天数（每6个月）	例外	所有权限制
24. 福布斯镇			
25. 比尤特支流			
26. 弗伦奇溪	26	D	
27. 盖特			
28. 吉布森维尔	9		
29. 金山		W	
30. 戈尔德斯普林斯营*	26		1
31. 格里利平地	6	W	
32. 亨利矿区		D	
33. 亨格里溪	18	W	2
34. 亨特山			
35. 伊利诺伊镇			
36. 印第安沙洲	18		
37. 印第安斯普林斯			
38. 印第安纳大牧场			
39. 因斯基普			
40. 爱尔兰山	60	D	2
41. 公驴大峡谷*	36	D	
42. 杰克逊维尔*	60	D	1
43. 詹姆斯敦*	30		
44. 杰斐逊山		W	
45. 章克申布拉夫	18	D	

(续前表)

矿区	工作天数（每6个月）	例外	所有权限制
46. 凯尔西	36	D	2
47. 肯塔基山			
48. 拉格兰奇*	30		
49. 小汉巴格溪	36		
50. 隆斯塔			
51. 下布拉什溪		D	
52. 下卡拉维里塔斯	36	D	2
53. 下汉巴格溪	60		2
54. 拉夫洛克			
55. 马加利亚	5		
56. 主小汉巴格溪	26		
57. 马默斯斯普林	18	D	
58. 马什溪	1		
59. 玛丽矿区			
60. 马萨诸塞山			
61. 密歇根沙洲			
62. 迈纳仓库		D	1
63. 密西西比山谷	6	D	
64. 蒙特苏马*	60	W/D	
65. 芒德斯普林斯	26	D	
66. 普莱森特山	26		
67. 普莱森特山	26		

(续前表)

矿区	工作天数（每6个月）	例外	所有权限制
68. 墨菲斯	60	W/D	
69. 迈尔斯谷	18	D	
70. 新卡纳卡营*	60	D	2
71. 北圣胡安	6	D	
72. 共济社	18	D	
73. 俄亥俄平地	18	D	
74. 俄勒冈峡谷	40	D	2
75. 奥罗菲诺	26	D	
76. 奥罗维尔			
77. 派勒特山	120	D	
78. 普莱森特平地	18	D	6
79. 波弗蒂山*	18	D	
80. 普罗斯佩克特山			
81. 帕克维尔			
82. 罗得岛山	18		
83. 里奇峡谷		D	
84. 罗克溪		D	
85. 罗克韦尔山	3	W	
86. 圣路易斯		W	3
87. 锯木厂平地*	36	D	
88. 肖村平地*	60	W/D	
89. 史密斯平地	26	D/W	2

(续前表)

矿区	工作天数（每6个月）	例外	所有权限制
90. 斯普林菲尔德*	60	D/W	1
91. 斯塔山	30		3
92. 萨克平地			
93. 斯威特兰			
94. 特里加斯基平地			2
95. 塔特尔镇*	30	D	2
96. 上怀里卡	30	W	
97. 上尤巴	36		
98. 瓦莱西托	60		
99. 沃伦山	30	W	
100. 华盛顿山		W	
101. 威弗溪	18	W	1
102. 潮湿深谷	18		
103. 威洛沙洲			
104. 威洛洼地		W	
105. 扬基山*	60	D	1
106. 约克镇			

资料来源：所有合约所在地，见表8.1。

* 位于图奥勒米县的矿区。

† 旱季（dry season）期间暂停工作要求。

‡ 雨季（wet season）期间暂停工作要求。

观察到的工作要求和理论含意

对出售矿地的限制，虽会增加任何想永远离开矿区的个人的成本，但不会对离开一段有限时期的人的成本产生任何影响。如果某一群体的私有权受到外来者威胁，任何成员离开并避免分担强制执行的成本对自己有利。如果他的团体成功捍卫了他们对金矿地的权利，他就可以按合约规定返回并开采他的土地。更一般地说，一旦个人之间达成了同意相互帮助维护私有权的合约，个人就可以避免分担投入要求，并将执行成本的负担转嫁给团体中的其他人，这对个人来说是有利的。为了管理人力库存，矿工们同意提高短期离开该区的成本。团体要求每一位矿工必须定期出现在他的矿地。这通常意味着对每一项矿地都要进行实际工作，但在某些地区，这意味着要在矿地上现身，并在边界桩上更新矿地告示。[17]

从个人角度看，这可能是一项代价高昂的规定，因为它限制了可以离开矿地的时间，而这个时间要么用于勘探新的矿床，要么用于寻找补给。如果他未能在规定时间内返回，则他的矿地就被视作"可强占的"，团体成员也不会帮他驱逐任何想要侵占他土地的人。[18]对于团体中的个人来说，这减少了他们不得不执行团体内其他人的矿地的成本，并帮助维持了规模经济所需的人口。在维持一大支矿工队伍在排除外来者方面特别重要的地方，允许缺勤的时间会减少，任一时间出现在矿地的平均人数会增加。在几乎没有暴力威胁的地方，允许缺勤的时间会增加，任何时候在场的平均人数会减少。

工作要求与暴力威胁

对该假说的一个简单验证，是比较图奥勒米县矿区和其他采矿营地的工作要求。来自北方矿场的拉丁美洲人数量众多，这对较小的美国人群体来说一直是一种威胁。根据假说，这些矿区要求每个成员出现在矿地的频率应该比美国人占多数的矿区高。

表9.1显示每个矿区每6个月所需的工作天数。在106个规范矿区行为的合约中，62个合约规定，矿工出现在其矿地的时间从每3天需要出现1天，到每6个月出现1天不等。在17个图奥勒米县矿区中，16个矿区有明确的工作要求，平均值是每6个月工作45天，即每4天有1天工作。其余46个有明确工作要求的地区，平均值是每6个月工作26天，即每7天有1天工作。这两个平均值之间的差异在1%的水平上具有统计学显著性。

许多没有明确工作要求的合约都规定，水不够的情况下，矿工可以豁免工作。这使我相信，这些地区有一个隐含的工作要求。如果我们假设合约条款越明确，所约束行为的价值就越大，那么我们的假说就含意着，图奥勒米县中有明确工作要求的矿区（比例）会比其他地区的多（高）。在图奥勒米县的17个矿区中，有16个矿区实行了这种限制，而在图奥勒米以外的89个矿区中，有46个矿区选择使用明确的工作要求。这些比例之间的差异在1%的水平上具有统计学显著性。

工作要求与矿地价值

第二章的暴力理论指出，随着一块土地的价值增加，更多的资源将被个人用来确立其土地使用的私有权。这些权利的当前所有者会发现，他们失去财产的可能性会更大，因此必须投入更多的资源来强制执行私有性。我的理论含意着，当矿工们拥有的矿地面临更大的强占威胁时，他们的最低工作要求将会增加。假如这是正确的话，那么我们应该会观察到一块矿地的价值与其所要求的工作量之间正相关。

在检验这一含意时，我们可以利用以下观察：在金矿地南部，夏季干旱月份的缺水大大增加了开采黄金的成本，并降低了这几个月内矿地的现值。而在北部矿区，冬季降雨导致溪流和沟渠沿线洪水泛滥，隧道充满水，在山地开采金矿的成本变得更高。这些矿地的现值在水量过于充沛的这几个月下降了。这些现值变化的幅度因利率而增加，利率从1849年和1850年淘金热早期144%的高点，直到19世纪50年代25%的低点。[19]

我提供以下两封在1849年秋天雨季来临之际写给加亚福尼亚长官的信，作为执行成本随土地价值的增加而上升的证据。信中写道：

> 通知莱利长官，他（指莱利）在宣布官员公告时，由于正处旱季，人口相当少。当时没有人认为需要这样的官员，因此也没有进行选举。但是，自那时起，由于陆路旅行，人

口变得越来越多，而且每天都在增加。为了维护和平与秩序，人们已认为公职人员必不可少了。[20]

在另一封信中，一位新当选的市长写信给长官说："峡谷（深谷）现在是这条河上的矿工非常关心的话题，因为它已经开始上涨了。"他接着建议对矿地进行度量，并规定每名矿工只能拥有一块矿地。[21]

进一步的证据来自1852年《索诺拉先驱报》(Sonora Herald Newspaper)的一篇报道中。一个矿工团体意识到，旱季期间，他们无法在图奥勒米县开采足够的黄金来支付开支。他们留下一个生病的成员来保护他们的矿地，然后动身去寻找其他的收入来源。这位病员好几次成功地警告试图强占者让他们离开，直到有消息说，水可能从距离营地不远处的哥伦比亚矿区的一条沟渠里引过来。这时，一群矿工驱逐了这位虚弱的保护者，成功强占了该矿地。报道接着说道，该矿地再一次被另一个团体强占，谁是胜利者还是未知数。[22]

假如由于水太多或太少，矿地的现值下降，则用于"强占"矿地的资源就会减少，并且工作需求也会减少。在现有的砂矿合约中，有62份有明确的工作要求。这其中，有43份合约规定了这些要求的例外情况，即采矿不经济的过于干燥或潮湿时节（即旱季或雨季）。在表9.1中，这些结果汇总在"例外情况"一栏下。在每一种情况下，工作要求都减少了。其中一些矿区完全取消了工作要求：南部矿区是从4月到9月，北部矿区是从9月到次年4

月。其他矿区则降低了对矿地要求,从要求在矿地有实际的工作,减少到只要每月更新一次边界桩和告示。

工作要求与每平方英尺矿地的价值

最后一节讨论的是保护整个矿地免受潜在小偷的侵害。但是,窃取矿地的决定只是许多需要进行经济分析的行动之一。例如,矿地本身可以被看作是一组盗窃目标,其中每个目标都是1平方英尺的含金土地。小偷现在必须选择他想要偷多少平方英尺的土地;他并不局限于盗取整个矿地。

在矿区,个人矿地往往是紧密相连的,并享有共同的边界。一个矿工可能偷了邻居1到2平方英尺的土地,如果被抓到,他可以辩解说不清楚边界线在哪。一个矿区内矿工之间的大多数冲突似乎都是这种性质的。[23] 这些边界争端给其他矿工造成的成本并非微不足道。在解决分歧的过程中,一些矿工不得不离开他们的矿地,去充当仲裁员,也可能是执行人。采矿季节的时间可不便宜。

如果要求每个人至少每隔几天就出现在他的矿地一次,矿工就可以减少与这些边界冲突有关的某些执行成本。首先,这样做可以降低每个人监督其他矿工矿地的成本。第二,一个矿工出现在矿地,就会增加盗窃被发现的可能性。第三,这会增加资源被用于快速阻止盗窃的可能性,从而增加潜在小偷的偷窃成本。这将减少边界争端的发生率,以及解决分歧的成本。

如果其他一切都是相同的，随着1平方英尺土地价值的上升，窃取土地的动机就会增加，而边界争端的数量也会随之增加。如果假说是正确的，为减少这些争端，在1平方英尺矿地价值与所要求的现身频率之间，应该有一个可观察的关系。

在对此进行验证之前，必须记住，上一章从理论和经验上都证明了，在某一给定矿区内，允许的矿地规模与土地（每平方英尺）价值之间负相关。由于缺乏具体数据，对这一矿区间关系的实证研究并没有定论。假如有关工作要求和土地价值的假说是正确的，且假如矿地规模与矿区之间的土地价值负相关，我们将观察到，随着矿区之间矿地规模的增加，工作要求会减少。

在检验这一含意时，我尽量选择除每平方英尺价值外的所有维度都相对同质的矿地。因此，我没有使用湿地矿地或山地矿地。湿地通常是在河岸一侧，考虑到河岸的坡度和高度，可以降低这一边的防盗成本。湿地矿地至少有一侧受到水的保护，从而减少了这一边界的巡察成本。我没选用山地矿地，因为山地往往没有规定具体的边界，至少在长度方面是这样。表9.2中的数据显示了矿地的规模（以平方英尺为单位）与工作要求（以每1 000平方英尺每6个月的工作天数为单位）之间的关系。它表明，随着矿地规模的减少，每平方英尺矿地需要更多的现身频率。这一关系经过检验，发现等级相关系数为0.95，在1%的水平上具有统计学显著性。

表9.2 砂矿土地：矿地规模和工作要求

矿地规模 （平方夹尺）	工作天数 （每6个月） （每1 000平方夹尺）	矿地规模 （平方夹尺）	工作天数 （每6个月） （每1 000平方夹尺）	矿地规模 （平方夹尺）	工作天数 （每6个月） （每1 000平方夹尺）
9 000 000	0.0005	14 400	1.3	10 000	6.0
6 969 600	0.0002	10 000	1.8	8 000	3.8
90 000	0.29	10 000	1.8	6 400	2.8
62 000	0.41	10 000	2.6	5 000	7.2
45 000	0.58	10 000	2.6	3 600	16.6
45 000	0.58	10 000	3.0	3 000	3.0
40 000	0.15	10 000	3.0	3 000	6.0
40 000	0.45	10 000	3.0	1 800	14.4
30 000	0.9	10 000	3.6	1 600	11.2
20 000	0.9	10 000	4.0	900	40.0
20 000	1.5	10 000	6.0	900	40.0
20 000	1.5	10 000	6.0	600	100.0
20 000	6.0	10 000	6.0	400	150.0
14 000	0.4	10 000	6.0	100	180.0
14 400	0.4	10 000	6.0	100	360.0

工作要求与偷盗成本

选择除含金量外其他所有物理特征都同质的矿地具有重要意义，这让我想到对这一假说进行进一步验证。因地理或技术差异而使矿地执行成本较低的矿区，应观察到其工作的要求较低。我将以石英开采和砂矿开采之间的比较为例。

要从石英矿脉中获得黄金，通常需要挖一条隧道，有时挖到几千英尺深的地下。爆破火药一般用于将石英炸碎成可从隧道中拖出来的碎片。在冲洗或添加水银以进行最终提取之前，必须建造一台破碎机，将石英粉碎。由于这一相对复杂和昂贵的过程，石英土地的执行成本低于砂矿土地。要想盗取1英尺石英矿脉，需要挖隧道，或盗取矿主所挖隧道。爆破火药没法秘密使用，破碎机也不易隐藏。在偷取石英矿地上最为经济的边际，看起来是全部或零（all or nothing）。

由于在石英矿地的边界强制执行私有权的成本低于砂矿土地，因此，从更频繁的工作要求中获得的收益较少。石英土地的工作要求，应低于砂矿土地。表9.3汇总了74份石英矿区合约信息。平均每6个月所需工作量为8.7天，即每21天中约有1天工作。砂矿矿区为平均每6个月工作31.2天，或者大约每6天就有1天工作。这些平均值之间的差异在1%的水平上具有统计学显著性。

表9.3　石英矿区：矿地规模与工作要求

矿区	矿地规模 （沿矿脉英尺）	工作要求 （每6个月工作天数）
1. 安吉尔营 [146；19]	100	6
2. 奥本 [6]	200	4
3. 班戈 [19]	200	12
4. 本富兰克林矿层 [147]	100	1
5. 比德韦尔沙洲 [93]	200	12
6. 大峡谷 [147]	300	6
7. 布莱恩德斯普林斯 [147]	400	
8. 波士顿山 [147]	100	1
9. 布鲁克林山 [147]	100	1
10. 布法罗山 [147]	100	
11. 卡拉多尼亚山 [147]	100	3
12. 坎普恩特普赖斯 [147]	400	1
13. 加拿大山 [19]	200	30
14. 锡达希尔 [147]	100	
15. 科尔特维尔 [147]	250	3
16. 戴矿层 [147]	50	1
17. 戴蒙德阔茨 [147]	300	1/2
18. 多宾溪 [147]	200	10
19. 德赖溪 [147]	240	
20. 德赖镇 [147]	120	
21. 伊尔河 [97]	200	5

（续前表）

矿区	矿地规模（沿矿脉英尺）	工作要求（每6个月工作天数）
22. 埃尔多拉多 [120]	300	1
23. 恩派尔 [147]	300	6
24. 福尔瑟姆县* [18]	200	10
25. 福布斯敦 [19]	100	12
26. 乔治敦 [19]	200	30
27. 格拉斯瓦利 [147]	100	10
28. 格林霍恩 [18]	300	
29. 灰熊平地 [147]	150	18
30. 胡萨克山 [147]	100	10
31. 伊利诺斯镇 [147]	200	50
32. 印第安纳牧场 [147]	150	10
33. 艾奥尼矿层 [147]	100	
34. 爱尔兰山 [147]	200	6
35. 杰克逊 [147]	200	2
36. 杰斐逊 [147]	100	1
37. 科斯库斯科 [147]	100	10
38. 隆斯塔 [126]	200	6
39. 拉夫洛克 [147]	300	5
40. 麦迪逊 [147]	100	10
41. 马里波萨县* [147]	250	1
42. 奥利韦山 [147]	100	1

（续前表）

矿区	矿地规模 （沿矿脉英尺）	工作要求 （每6个月工作天数）
43. 普莱森特山 [147]	100	1
44. 马德斯普林 [19]	300	3
45. 内博尔德山 [147]	100	
46. 内华达县* [139]	100	10
47. 诺顿山 [147]	100	
48. 俄亥俄平地 [147]	300	5
49. 俄勒冈峡谷 [147]	150	20
50. 俄勒冈山 [147]	200	6
51. 佩克山 [147]	100	
52. 皮尔斯矿层 [147]	100	
53. 派恩格罗夫 [18]	300	6
54. 普莱瑟维尔 [147]	200	42
55. 普利茅斯 [147]	200	6
56. 比利牛斯 [147]	100	
57. 丽贝卡山 [147]	100	10
58. 里奇峡谷 [147]	150	1
59. 萨克拉门托县* [147]	200	10
60. 圣安德烈亚斯 [19]	200	6
61. 桑德矿层 [147]	100	3
62. 希普利深谷 [113]	300	6
63. 锡格尔 [9]	200	2

（续前表）

矿区	矿地规模（沿矿脉英尺）	工作要求（每6个月工作天数）
64. 谢拉县*[18]	200	12
65. 内华达山脉[147]	100	12
66. 南部砂矿[19]	200	6
67. 西班牙营[147]	200	
68. 七号小镇[113]	150	6
69. 图奥勒米县*[18]	150	6
70. 尤宁山[147]	100	3
71. 尤宁石英山[147]	150	
72. 沃尔卡诺[147]	300	3
73. 威霍金山[147]	100	3
74. 扬基山[147]	150	1

资料来源：括号中的数字表示所有矿区合约所在地的书目来源。

*县级法律只有在被在矿区选择的情况下才有约束力。

总　　结

在本书中，我试图回答三个问题。第一，一群人在什么样的情况下会选择明确列举和分派对稀缺资源的私有权？第二，他们会选择什么样的权利（即哪些类型的权利），哪些权利将受到限制？

第三，如何在相互竞争的个人之间分配这些权利？

一般而言，这些问题先于经济学家所提出的问题，但它们的答案却是所有后续分析的基础。通常，经济学家会假定（明面上或暗地里）一个明确界定的产权制度已经存在。这些权利是不受限制的，没有强制执行成本，并根据某些外部确定的禀赋因素加以分配。难以解释的是，这些问题对我们理解经济学是如此基础，却直到最近才被提出来。

产权的出现被视为一个简单的交换过程，在这个过程中，每个人通过使用暴力放弃对资源的任何权利主张，以换取对其他一些资源的私有权。与任何交易一样，这牵涉到合约的使用。一旦我能够确定这种合约的相关替代方案（在这种情况下是暴力）和签约成本的局限条件，就可以得出上述问题的答案，并根据加州淘金热的经验进行检验。

1848年至1866年期间的加州经验，为检验本研究中所提出的假说提供了一个绝佳的机会。对矿工获取矿地权利的行为，没有任何法律上的约束。同样，在发现黄金之前，加州没有任何团体能够通过武力建立和维护私有权。黄金土地也没有任何有重大价值的替代用途，这大大简化了确定采矿权利成本的问题。出现一份明确的产权合约的出现不是一次性的，而是发生了500次。发生这种情况的时间并不是几个世纪，而是短短几天。

注　释

第　一　章

[1] 让-雅克·卢梭的《社会契约论》和托马斯·霍布斯的《利维坦》是政治哲学进路的经典例子。人类学家的方法见 Robert L. Carneiro, "A Theory of the Origin of the State", *Science* 169 (1970): 733–737。历史学家魏特夫（Karl Wittfogel）在《东方专制主义》（*Oriental Despotism*）一书中为其国家理论提出了有力论证。考古学家柴尔德（V. Gordon Childe）在他的《人类创造了自身》（*Man Makes Himself*）中提出了一个非常流行的国家理论。在社会学家方面，有 Robert L. Carneiro, ed., *The Evolution of Society: Selections from Herbert Spencer's Principles of Sociology* (Chicago: University of Chicago Press, 1967)。

[2] 关于产权在经济学研究中的作用的精彩论述，见 Armen A. Alchain, *Some Economics of Property* (Santa Monica: Rand Corporation, 1961)。

第　二　章

[1] Steven N. S. Cheung, "The Structure of a Contract and the Theory of a Non Exclusire Resource", *Journal of Law and Economics* 13 (1970): 49–70（即张五常：《合约结构与非私产性资源理论》）。

[2] 科斯说明："假如市场交易成本为零，则真正重要的是（公平问题另说），

各当事人权利的充分界定，以及法律行为的结果易于预测。"见Ronald H. Coase, "The Problem of Social Cost", *Journal of Law and Economics* 3 (1960): 1–44, in S. M. Blummer, ed., *Readings in Microeconomics* (Philadelphia: International Textbook, 1969)。我认为，假如个体通过合约达成一致没有成本，那么产权的分派将始终以导致最高价值的资源使用方式进行。这仅仅是从个人最大化的假设中得出。

[3] 暴力通常被定义为被用于伤害或破坏的体力。从我们的目的出发，或许更好的定义是，暴力是一种不需要达成共识的分配机制。

[4] 区别"最先占有"（being first）和"在另一个人对某种物品主张权利前就拥有该物品"是很重要的。其更详细的讨论见本章末。

[5] 我所知道的唯一另外一个构建无政府经济理论的尝试是Winston Bush, "Individual Welfare in Anarchy", in Gordon Tullock, ed., *Explorations in the Theory of Anarchy* (Blacksburg, Va.: Center for Study of Public Choice, 1972), pp. 5–18。

[6] 当需要暴力函数时，我会在后面详细说明。就目前来说，这个简单的函数已经足够。

[7] 当然，在这个模型中，排除他人的成本是零。我指的劳动是个体愿意并且能够在暴力中使用的劳动，如果他要拒别人于土地之外的话。只有发生真实暴力，才会存在成本。

[8] 关于这一点的详述，见John R. Umbeck and Mike Staten, "Ineffifiency: A Logical and Empirical Impossibility" (Ms, Purdue University, 1979)。

[9] 该讨论基于张五常的《合约结构和非私产性资源理论》一文。

[10] 由于采矿业的平均劳动产出等于全部收入消散时的工资率，原始矿工可以提供任何大于零的贿赂，以收买外来者。

[11] "最先占有"的优势也体现在野生动物的行为上。仔细观察鸟类后，我们发现，只要某物种的雄禽占据了某特定领土一段时间后，即便同一物种的另一只鸟向它发起攻击，胜利的也几乎总是它。欧洲的刺鱼是一种可怕的斗鱼，会凶狠地攻击其他侵入它领土的其他物种，一旦把对方赶出领地，就会游回来。对于吼猴和猉羚，也有类似的观察：

> 如果肯尼亚的一群狷羚吃草，只吃到某条边界而没有走得更远，说明它们本能地确定，若在对手领地上发生冲突，主队总是占尽优势的。南非一位名叫菲茨·西蒙斯的博物学家报告说，在斑纹角马的觅食区上，每个角马群各自都有一块明显标记的区域，区域内入侵者会被赶走；入侵者的迅速撤退似乎表明，它们有些许进错地盘的意识。

见 Robert Ardrey, *African Genesis* (New York: Dell, 1961), pp. 51, 53–58。既然在暴力假设下所得出关于资源分配的许多含意也适用于动物世界，就没什么好奇怪的。

第 三 章

[1] 该讨论基于 Steven N. S. Cheung, "A Theory of Price Control", *Journal of Law and Economics* 17 (1974): 53–71（即张五常：《价格管制理论》）。

[2] 对于现值的最佳讨论，见欧文·费雪《利息理论》(*The Theory of Interest*)。

[3] 请注意，只有在通过合约分派产权之后，偷窃或盗窃才是有意义的概念。

[4] 如果我们引入第三种替代选择——习俗，在土地的价值达到OD之前，它可能会被选择。暴力将被用来确立对低价值资源的私有权。随着资源价值的上升，习俗可能会发生演变，在资源价值高时，私有产权将通过明确的合约出现。

[5] 对此更好的讨论可见 Gordon Tullock, "The Edge of the Jungle", in Gordon Tullock, ed., *Explorations in the Theory of Anarchy* (Blacksburg, Va.: Center for Study of Public Choice, 1972), pp. 65–77。

[6] 这一节几乎完全基于 Steven N. S. Cheung, *The Theory of Share Tenancy* (Chicago: University of Chicago Press, 1969), Chap. 4（即张五常：《佃农理论》），以及 John R. Umbeck, "A Theory of Contract Choice and the California Gold Rush", *Journal of Law and Economics* 20 (1977): 421–437。

[7] 除了在加州淘金热的最早期，这些是唯一观察到的合约。这将在第六章和第七章作更为详细的讨论。

第 四 章

[1] J. W. Gough, *The Social Contract: A Critical Study of its Development* (Oxford: Clarendon Press, 1936), pp. 8–46.

[2] Thomas Hobbes, *Leviathan: Or the Matter, Forme and Power of a Commonwealth Ecclesiastical and Civil* (Oxford: Mowbray, 1951), p. 63.

[3] Ibid., pp. 83–84.

[4] Ibid., p. 82.

[5] Ibid., p. 87.

[6] Ibid., p. 162.

[7] Ibid., p. 92.

[8] Ibid., p. 204.

[9] John Locke, "An Essay Concerning the True Original, Extent and End of Civil Government" (1690), in *Social Contract*, ed. Ernest Barker (New York: Oxford University Press, 1967); Immanuel Kant, *The Philosophy of Law* (Edinburgh: Clark, 1887), pp. 24–28, 164, 208; David Hume, "Of the Original Contract" (1748), in *Social Contract*, ed. Barker，更广泛的讨论，见 Gough, *Social Contract*。

[10] Jean Jacques Rousseau, *The Social Contract* (New York: Dutton, 1938)，pp. 9, 68–69. 卢梭的权利是由惯例所决定的。只有通过公意，或所有人完全同意的情况，才能创造法律或产权。如果意见不一致，就不存在任何的权利。

[11] Ibid., pp. 68–69.

[12] Rousseau, "What is the Origin of Inequality Among Men, and is it Authorized by Natural Law?" in Rousseau, *The Social Contract*, pp. 188–192; Ibid., pp. 117–122; Ibid., p. 41.

[13] 从亚当·斯密开始，有几位经济学家讨论了产权、合约和国家的功能。通常认为，在任何经济制度运作之前，产权都是必要的，但关于合约和隐含的资源分配对这些权利的影响，却几乎没人提到过。产权往往被

认为是由国家创造的，而国家又是由拥有财产的人创造的，目的是保护自己不受没有财产的人的伤害。要摆脱循环论证，我们必须拒绝这一推理，因为它不符合个人财富最大化的假设，这个假设意味着，如果收益超过成本，每个人都会偷窃，无论是富人还是穷人。

[14] 第四版（New York: Macmillan, 1938），特别是第二编第九章。

[15] *Quarterly Journal of Economics* 38(1924): 582–606, in *Readings in Price Theory*, eds. George Stigler and Kenneth Boulding (Homewood, Ill.: Irwin, 1952), pp. 160–180。庇古的这些例子（奈特只选了其中一例）无论是基于实证还是基于理论，都已经被证明是不正确的了。例如，庇古关于某些类型的农业安排中社会边际产出与私人边际产出分离的冗长讨论，忽略了实际存在的合约局限。正如张五常《佃农理论》所证明的，受到私人产权的约束，佃农对地主土地的过度或未充分利用，与财富最大化不一致。

[16] Knight, *Some Fallacies in the Interpretation of Social Cost*, p. 163.

[17] 奈特认为，庇古的困惑大多源于他选择了成本曲线，而不是真实的产出曲线。这一点我同意。但奈特对表达方式的选择无助于消除这种困惑。考虑到当时边际概念还处在早期发展阶段，也许是两位作者可以被谅解的。

[18] 奈特也许过快地接受了庇古所宣称的均衡。正如我后面指出的，张五常证明了他们分析中的一些问题。

[19] 正如我稍后将要证明的那样，如果我们接受传统的外部性定义，那么每项交易都有无限多的外部性。

[20] *Journal of Law and Economics* 3 (1960): 303–344.

[21] 进一步的讨论见 Harold Demsetz, "The Exchange and Enforcement of Property Rights", *Journal of Law and Economics* 7 (1964)。亦见 Harold Demsetz, "Information and Efficiency: Another Viewpoint", *Journal of Law and Economics* 12 (1969); Steven N. S. Cheung, "The Fable of the Bees: An Economic Investigation", *Journal of Law and Economics* 16 (1973)。

[22] 甚至在《社会成本问题》发表之前，科斯就已经认识到市场替代选

择及其成本的重要性，见 Ronald H. Coase, "The Nature of the Firm", *Economica* n.s. 4 (1937): 386–405, reprinted in *Reading in Price Theory*, pp. 331–351。

[23] "The Economic Theory of a Common Property Resource: The Fishery", *Journal of Political Economy* 62 (1954): 124–142, 131.

[24] 对于一个在边际上消散而不是拥挤的实例，见 Anthony Bottomly, "The Effects of Common Ownership of Land Upon Resource Allocation in Tripolitania", *Land Economics* 39 (1963): 91–95。

[25] Steven N. S. Cheung, "A Theory of Price Control", *Journal of Law and Economics* 17 (1974): 61.

[26] *American Economic Review* 57, no. 2 (1967): 347–359. 在我看来，德姆塞茨（Demsetz）似乎是仅有的一位解决了"私人财产如何出现"这个问题的现代经济学家。虽然这个话题无疑算不上是新的，但其他学者选择以所谓的"国家"（state）或"政府"的出现来解释，因为他们认为"国家"是建立私有财产的机构。关于国家的文献浩如烟海，恕不详细阐述了。原因很简单：一个人想解释某件事，他必须先知道它是什么。如果这个理论要有实证上的内容，就必须能够判断国家从哪里开始，到哪里结束。我一直无法在文献中确定任何能让我将国家和非国家区分开的国家特征。在私有财产的合约理论中，最接近于让我确定为国家（但还不是）的是一个由具体合约规定创建的机构，目的是执行个人之间现有的协议。国家是在原始合约中形成的，在执行个人权利时出现的所有纠纷中扮演着"第三方"的角色。这不过是对霍布斯和卢梭的社会契约理论的部分重述而已。

[27] 有关外部性概念问题更全面的讨论，见张五常《合约结构与非私产性资源理论》。

[28] Demsetz, "Theory of Property Rights", p. 352.

[29] Steven N. S. Cheung, "The Theory of Inter-Individual Effects and the Demand for Contracts" (Ms., University of Washington, 1972); James Buchanan and William Stubblebine, "Externality", *Economica* (1962): 371–384.

[30] Demsetz, "Theory of Property Rights", p. 347.
[31] 有关合约权利合理出现的研究，见 John R. Umbeck, "The California Gold Rush: A Study of Emerging Property Rights", *Explorations in Economic History* 14 (1977): 197–226。
[32] Coase, "Firm".

第 五 章

[1] Willoughby Rodman, *History of the Bench and Bar of Southern California* (Los Angeles: Porter, 1909), pp. 85–92.
[2] 砂矿床通常是指黄金与土壤混合的浅金沉积物。它们由河流从一段裸露的矿脉中冲刷走一些黄金而形成。这与矿脉本身形成对比，矿脉是黄金与其他矿物混合的侵入岩。矿脉，有时称为矿藏，或金石英脉。William B. Clark, *Gold Districts of California*, Bulletin 193 (San Francisco: California Division of Mines and Geology, 1970).
[3] Rodman, *History of the Bench*, p. 86; ibid., p. 87.
[4] 关于废除法庭的影响的全面讨论，见 J. H. de Fooz, *Fundamental Principles of the Law of Mines*, trans. H. W. Halleck (San Francisco: Painter), 1860, pp. i–cxiiii。关于墨西哥市长制度更精彩的讨论，可见 Charles Shinn, *Mining Camps: A Study in American Frontier Government* (New York: Scribner's, 1885)。
[5] H. H. Bancroft, *History of the Pacific States* (San Francisco: History, 1888), 18: 548–560 nn。这里有许多诉讼案涉及墨西哥土地出让。几乎所有这种土地都被认定为非法，因为他们没有遵守墨西哥法律。
[6] Ibid., p. 563; Rodman, *History of the Bench*, p. 87; Gregory Yale, *Legal Titles to Mining Claims and Water Rights, in California, under the Mining Law of Congress, of July 1866* (San Francisco: Roman, 1867), p. 17. 虽然梅森上校的声明具体来说更适用"退约"（denourcements）这个术语，它指的是保留对原有矿区的再开采权。他可能想废除墨西哥法律中有关新旧矿地确权

的法律条款。还有一些证据表明,梅森直到美墨条约签署8个月后才知道这个条约。

[7] Ibid., pp. 15–16.
[8] Ibid., pp. 325–354. 亦见 Rocky Mountain Mineral Law Foundation, ed., *American Law of Mining*, vol. 1, Cumulative Supplement (New York: Bender, 1973), pp. 17–39。所有关于采矿权的法案的完整回顾,可见 Curtis Lindley, *A Treatise on the American Law Relating to Mines and Mineral Lands*, vol. 1 (San Francisco: Bancroft-Whitney, 1903)。
[9] Yale, *Legal Titles*, pp. 355–382.
[10] Ibid., pp. 34–42.
[11] Ibid., pp. 58–69。关于州一级所有涉及矿产权的主要法院案件的回顾,见 Charles Parker, *Digest of California Reports and Statutes* (San Francisco: Bancroft, 1868), pp. 632–643。亦见 John David, *Historical Sketch of the Mining Law in California* (Los Angeles: Commercial Printing House, 1902), pp. 1–83。
[12] 对加州建立采矿法体系过程中的法律和政治问题的一次好的全面回顾,见 Joseph Ellison, "Mineral Land Question in California, 1848–1866", *Southwestern Historical Quarterly* 30, no. 1 (1926); George Gordon, *Mining Titles: Are There Any-What Are They?* (San Francisco: Gilchrist, 1859); Sylvester Mowry, *The Mines of the West: Shall the Government Seize Them?* (New York: Currie, 1864); A. H. Ricketts, *A Dissertation upon American Mining Law: Its Origin, Development and Establishment* (Sacramento: State Printing, 1893)。
[13] Walter Colton, *Three Years in California* (New York: Barnes, 1859), p. 247; David Thomas, *A History of Military Government in Newly Acquired Territory if the United States* (New York: Columbia University Press, 1904), p. 239; Joseph Ellison, *California and the Nation, 1850–1869* (Berkeley: University of California Press, 1927), p. 80.
[14] Thomas Jones, Commander-in-Chief, Pacifific Squadron, to Secretary of

Navy, Oct. 25, 1848, in *American Quarterly Register and Magazine* 2, no. 1 (1849): 293–294.

[15] William Rich to paymaster general, Oct. 23, 1848, in ibid., pp. 294–295. 其他有关逃兵的报告见Josiah Royce, *California: From the Conquest in 1846 to the Second Committee in San Francisco* (New York: Houghton, Mifflin, 1886), p. 223; Bancroft, *History*, pp. 64–66。

[16] Bancroft, *History*, p. 65 n. 26.

[17] Cangressional Documents, ser. no. 573, Dec. 17, p. 580, in Mary Floyd Williams, *History of the San Francisco Committee of Vigilance of 1851* (Berkeley: University of California Press, 1921), pp. 59–60.

[18] Mason to adjutant general, Aug. 19, 1848, in Williams, *History*, p. 61.

[19] Capt. J. L. Folsom, 1848, in *What I Saw in California*, ed. Edwin Bryant (San Francisco: Osborn, 1876), pp. 476, 480.

[20] California, *Journal of the Proceedings of the Senate*, 4th sess., 1853, p. 4.

[21] 关于印第安人冲突的几个说法，见Edwin Bean, *Bean's History and Directory of Nevada County, California* (California: Daily Gazette, 1867), pp. 185–187; H. H. Bancroft, *California, Inter Pocula: A Review of Some Classical Abnormalities* (San Francisco: History, 1888), pp. 436–560。

[22] Ibid., pp. 413–417; Myron Angel, *History of Placer County, California* (Oakland: Thompson and West, 1882), pp. 345–347; Tyrell Martinez and Frank Drummond, *Early Mining Laws of Tuolumne and Calaveras Counties* (Berkeley: University of California Press, 1936), p. 6; Bancroft, *History*, p. 319; Angel, *History*, p. 346.

[23] Henry W. Bigler, *Diary of a Mormon*, in Rodman W. Paul, *The California Gold Discovery: Sources, Documents, Accounts, and Memoirs Relating to the Discovery of Gold at Sutter's Mill* (Los Angeles: Talisman, 1966), p. 62; J. Hittell, *The Resources of California* (San Francisco: Roman, 1863), p. 264. 这可能是对各种采矿技术最好的非技术性描述。亦可见Hutchings and Rosenfifields, *The Miner's Own Book* (San Francisco, 1858)。

[24] John S. Hittell, *Mining in the Pacific States of North America* (San Francisco: Roman, 1861), p. 15; Hittell, *Resources*, pp. 262–263; Hutchings and Rosenfifields, *The Miner's Own Book*, p. 21.

[25] Hittell, *Resources*, pp. 258–262; Hutchings and Rosenfifields, *The Miner's Own Book*, pp. 3–4; Hittell, *Resources*, p. 262.

[26] Hittell, *Resources*, pp. 264–265; Angel, *History of Placer County*, p. 77; Theodore Hittell, *History of California* (San Francisco: Stone, 1898), 4: 124; Colton, *Three Years*, p. 306. 这种方法显然只有墨西哥人使用，因为歧视，其劳动的机会成本较低。

[27] Bancroft, *History*, pp. 410–411 n. 4; Hittell, *Resources*, p. 243. 对各种淘金槽技术的最佳描述，见 Hittell, *Resources*, pp. 243–253。

[28] J. Ross Browne, *Resources of the Pacific Slope: Report of J. Ross Browne, on the Mineral Resources of the States and Territories West of the Rocky Mountains, Made to Congress and Submitted to the Secretary of the Treasury, Washington, D.C., March 5, 1868* (Washington, D.C.: Appleton, 1887), p. 125. 实际上是以法郎作估计的。

[29] Bancroft, *History*, p. 412 n. 8; Hittell, *Resources*, pp. 253–254; J. Ross Browne, *Report 1868*, p. 125 n.

[30] Ibid., pp. 184–186 n.

[31] George Black, *Report on the Middle Yuba Canal* (San Francisco: Towne and Bacon, 1863), pp. 1–32; *Prospects of the Owen's River Canal Company* (San Francisco: Mining and Scientifific Press, 1863); Bancroft, *History*, p. 413 n.; Bean, *Bean's History*, pp. 65–75; Hittell, *Resources*, p. 116. 布朗（Browne）列出了几家公司、沟渠长度、建造成本以及许多其他细节，见 Browne, *Report 1868*, pp. 179–206。

[32] 布朗说，英寸的准确定义因矿区不同而有所差异，但通常指的是"在开口上方6英寸深的水，从1平方英寸开口流出的水量"。通常来说，矿工购买12小时英寸（1英寸水流12小时）的水量。这相当于大约5 000加仑的水。一些水力矿地甚至购买达1 000英寸的水量。水价从每英寸4美

元左右，降至1855年的每英寸0.2美元左右。值得注意的是，1867年，州议会提出了一项标准化"英寸"的法案，但该法案的投票被无限期推迟了。反对意见是，"不通过法案，让矿工和水渠公司就他们的计量和价格签定协议也很好；如果通过法案，会让一些长期采用其他计量方式的公司感到不便"。见Browne, *Report 1868*, pp. 184–189。一个有关矿工们抱怨定价政策的案例，见Bancroft, *Inter Pocula*, p. 245。关于加州水权发展的详细讨论超出了本文的范围。水权与土地权同时发展，而且显然是基于先到先得原则实行配给，至少法院是这样判决的。我怀疑在1850年代初期，水权就像土地权一样，是通过武力配给的。见G. Yale, *Legal Titles*, pp. 136–220, 264–302；Harry L. Wells, *History of Nevada County, California* (Oakland, Calif.: Thompson and West, 1880), p. 174；Owen Coy, *Gold Days* (California: Powell, 1929), pp. 196–199。

[33] Bancroft, *History*, p. 415; ibid., p. 45 n. 11; Rodman Paul, *California Gold: The Beginning of Mining in the Far West* (Cambridge, Mass.: Harvard University Press, 1947), p. 148; ibid., pp. 139; ibid., p. 138, 145. 大多数县的历史都充满了早期开采石英失败的故事。1851年，内华达县出现了一个有趣的滑稽歌舞杂剧，捕捉到了当时人们对开采石英的普遍态度。在这个杂剧中，明希豪森（Munchausen）石英岩开采和碎石公司是根据一千零一饮议会的法令而成立的。信托成员有巴纳姆（P. T. Barnum）和堂吉诃德。秘书是尤尼乌斯·天知道（Junius Quien Sabe），财务主管则是斯沃索特（J. Squander Swartout）。该公司的土地位于冥河上。矿工的工作在大型挖掘中被天然发现的钻石所照亮。更多细节，见Wells, *History of Nevada County*, p. 198。

[34] Paul, *California Gold*, pp. 133–139; Bancroft, *History*, pp. 417 n. 16; ibid., p. 140; Bean, *Bean's History*, p. 127; Bancroft, *History*, pp. 356–357; Paul, *California Gold*, pp. 143–144; *The State Register and Yearbook of Facts for the Year 1857* (San Francisco, 1859), pp. 255–365.

[35] Wells, *History of Nevada County*, pp. 122–125; Bancroft, *Inter Pocula*, p. 331. 希特尔（Hittel）讲述了一个上进青年的故事，这个年轻人把一大

桶威士忌带进了一个早期采矿营地，以高额利润出售饮料。第二天，另一个企业家带着自己的酒桶进入营地，开始削弱他的竞争。一方报复导致另一方进一步降价，很快，他们就达成了不再降价的协议。签订协议的第二天，第三方进来了，且在帐篷里开了一家酒馆。卡特尔便被瓦解了。Hittell, *History*, p. 164.

[36] 班克罗夫特（Bancroft）描写了1853年码头上的一幕。轮船公司会雇佣男孩做推广，其中一人对着乘客大喊："一美元到萨克拉门托——今晚一美元——羽毛枕头，卷鬃床垫，八位年轻女乘客……一口价，一美元。"到了1853年8月，到萨克拉门托的船票是：在船舱的1美元，在甲板上的0.25美元。Bancroft, *Inter Pocula*, pp. 326–327. 曼斯菲尔德（Mansfield）声称，到1854年，这些公司组成了一个托拉斯，要么买下竞争对手，要么迫使他们停业。George C. Mansfield, *The History of Butte County, California* (Los Angeles: Historic Record, 1918), p. 111.

[37] Ibid., pp. 111–112, 113–114.

[38] Bancroft, *Inter Pocula*, pp. 327–330; Mansfifield, *History*, pp. 109–110. 布朗描述了一条从加利福尼亚穿越内华达山脉到科罗拉多的弗吉尼亚市的收费私家路。Browne, *Report 1868*, pp. 81–82.

[39] 关于产权如何确立，在圣弗朗西斯科的邮局门前提供了一个有趣的例子。每当载有各州邮件的船进入港口时，矿工们就会在邮局窗口前排长队，等待分发信件。而个人在排队中的特定位置则成为私人财产，显然得到他人的尊重。一些男孩只要看见邮船就开始排队，然后把位置卖给出价最高的人。Bancroft, *History*, p. 235.

[40] Mansfield, *History*, p. 105; James J. Ayers, *Gold and Sunshine: Reminiscences of Early California* (Boston: Gorham, 1922), p. 66. 艾尔斯（Ayers）声称，一封信在矿地里是2美元。

[41] Ibid., pp. 105–108; Bean, *Bean's History*, pp. 14, 87; Heckendorn and Wilson, *Miners' and Business Men's Directory* (California: Clipper Office, 1856), p. 68.

第 六 章

[1] John Sutter, *New Helvetia Diary* (San Francisco: Grabhorn, 1939), 关于约翰·萨特（John Sutter）的优秀传记亦可见James P. Zollinger, *Sutter: The Man and His Empire* (New York: Oxford University Press, 1939); John Bidwell, *Echoes of the Past* (New York: Citadel Press, 1962), pp. 17, 78, 79; H. H. Bancroft, *History of the Pacific States* (San Francisco: History, 1888) 18: 559 n。

[2] W. W. Jenkins, "History of the Development of Placer Mining in California", *Annual Publication of the Pioneers of L.A. County* 7: 71. 这是指"常衡制"（avoirdupois weight），而不是"金衡制"（troy）。按每盎司16美元、每磅16盎司计算，这212磅黄金的价值约为54 000美元。

[3] Bidwell, *Echoes*, pp. 96–97. 比德韦尔（Bidwell）声称，早在1843年，萨特就已经知道他的土地周围有黄金。1844年，墨西哥人古铁雷斯（Pablo Gutierrez）找到比德韦尔借钱去墨西哥，想买个淘金盘（botea），用来在贝尔河（Bear River）周围的山脉中开采黄金。比德韦尔并不信任他，迟迟不肯给予资金支持。在从萨特处捎信给米切尔托雷纳的路上，古铁雷斯被前总督阿尔瓦拉多（Alvarado）的部队吊死了。

[4] 1847年，萨特报告说，他的营寨附近有289个白人，16个混血儿、夏威夷人和黑人，479个驯服的印第安人和21 873个未开化的印第安人。有60间房子，6间磨坊和1间制革厂。萨特有12 000头牛、2 000匹马和骡子、10 000到15 000只羊，以及1 000头猪。他最终却死于贫困。矿工们几乎拿走萨特所拥有的一切。Bancroft, *History*, p. 14. 关于另一组不同的数字，见G. W. Reed, ed., *History of Sacramento County, California* (Los Angeles: Historic Record, 1923), p. 31。

[5] 萨特与马歇尔之间的合约是独一无二的。合约由比德韦尔在战争结束前1847年8月撰写，其中包含如下条款：如果美国赢得战争，锯木厂属于马歇尔；如果墨西哥人赢得战争，则属于萨特。George Frederick Parsons, *The Life and Adventures of James W. Marshall* (Sacramento: J. W. Marshall and W. Burke, 1870), pp. 79–80.

[6] 真正发现黄金的报道虽多，但对于发现黄金的实际日期，却有着不同的意见。有充分的证据表明，真正发现黄金的日子是在1月19日。保罗（Rodman W. Paul）汇编了许多关于真正发现黄金及其周边事件的原始资料和二手资料，见 *The California Gold Discovery: Sources, Documents, Accounts, and Memoirs Relating to the Discovery of Gold at Sutter's Mill* (Los Angeles: Talisman, 1966)。

[7] Sutter to *Hutchings' Illustrated California Magazine* (Nov. 1857), in *History of Amador County, California* (Oakland: Thompson and West, 1881), pp. 56–58.

[8] 本合约在马歇尔本人于1858年1月28日的一封信中记载，见Harry L. Wells, *History of Nevada County, California* (California: Thompson and West, 1880), pp. 40–41。亦见Paola Sioli, *History of El Dorado County* (Oakland: 1883), p. 62; Rodman Paul, *The California Gold Discovery: Sources, Documents, Accounts and Memoirs Relating to the Discovery of Gold at Sutter's Mill* (Los Angeles: Talisman, 1966), pp. 61–62; Bancroft, *History*, p. 41。

[9] Remi Nadeau, *Ghost Towns and Mining Camps of California* (Los Angeles: Ward Ritchie, 1965), p. 12. 亦见Norma Baldwin Ricketts, *Mormons and the Discovery of Gold* (San Francisco: Pioneer, 1966), p. 19，以及Bancroft, *History*, pp. 43–44 n. 4。

[10] Ibid. 梅森还没有听说过和平条约。

[11] Ibid., pp. 44–45; 亦见Sutter, *New Helvetia Diary*, Feb. 14, 1848。

[12] Ibid., p. 51 n. 9. 亦见"Azariah Smith's Journal", Apr. 7, 1848，以及"Peter L. Wimmer Gives His Version"。关于发现黄金的第一手资料，均见Paul, *The California Gold Discovery*。马歇尔后来声称，这些钱都是付给勘探服务的。Ibid., p. 115.

[13] Ibid., 以及Norma Ricketts, *Mormons*, p. 19; Paul, *The California Gold Discovery*, p. 135.

[14] *San Francisco Californian*, Mar. 15, 1848.

[15] 关于这些报纸文章的重印件，见Paul, *The California Gold Discovery*, pp. 68–80。

[16] Ibid., p. 78.
[17] Ibid., p. 79.
[18] Bancroft, *History*, p. 56 n. 5; *History of Kern County, California* (California: Wallace W. Elliot, 1883), pp. 58–59;亦见萨特所写的文章,*Hutchings' Illustrated California Magazine*, Nov. 1857, in Paul, *California Gold Discovery*, p. 130;以及 Bancroft, *History*, p. 51 n. 9; Paul, *The California Gold Discovery*, p. 130。当然,完全可以假定,矿工们"尊重"布兰南(Brannan)对其店里货物的权利。显然他们做到了这点。据我所知,他们之中也没有人注意到布兰南在圣弗朗西斯科街头的"奇怪"行为的动机。后来的勘探者除了偶尔几个试图保守他们发现黄金的秘密外,更多人将自己的发现告诉了其他人,这些人的行为比布兰南的更难解释。
[19] 对发现这些黄金的最完整报道,见 Bancroft, *History*, pp. 89–91 nn。
[20] Govenor Mason to War Department, in *What I Saw in California*, Edwin Bryant, ed. (California: Osborn, 1876), pp. 456–464.
[21] Walter Colton, *Three Years in California* (New York: Barnes, 1859), pp. 246–255. 在淘金热的最初阶段,Colton 在蒙特雷担任市长("集法官、陪审团和治安官于一身的墨西哥头衔")。
[22] Ibid., p. 62 n. 20.
[23] Bancroft, *History*, p. 70.
[24] Govenor Mason to War Department, in *What I Saw in California*, Bryant, ed., p. 458.
[25] John S. Hittell, *Mining in the Pacific States of North America* (San Francisco, 1861), p. 20. 据希特尔估计,实际上只有 5 000 名矿工在工作。班克罗夫特(*History*, p. 71 n. 7)则估计,正好超过 9 000 人,从当年抵达的俄勒冈人、夏威夷人和墨西哥人的人数来看,这个数字可能是最准确的。如果将印第安人包括在内,这一数字可能超过 20 000。见 Mary Floyd Williams, *History of the San Francisco Committee if Vigilance of 1851* (Berkeley: University of California Press, 1921), p. 54. 据萨特说,圣弗朗西斯科只剩下 5 个人,其他人都在矿地里。*History of Amador County,*

California (Oakland: Thompson and West, 1881), p. 57.

[26] 印第安人问题阻碍了南部的进一步开发。关于早期矿区开发前景最好的专门讨论，见 Owen C. Coy, *In the Diggings in Forty-Nine* (Los Angeles: California State Historical Association, 1948)。有关早期采矿的更详细报道，见 Sioli, *History of El Dorado County*; Wells, *History of Nevada County*; *History of Amador County*; *History of Kern County*; G. W. Reed ed., *History of Sacramento County*; *History of Fresno County, California* (California: Wallace W. Elliot, 1882); Myron Angel, *History of Placer County, California* (Oakland: Thompson and West, 1882)。

[27] Henry W. Bigler, *Diary of a Mormon*, in Paul, *California Gold Discovery*, p. 158; Bancroft, *History*, p. 50 n. 8.

[28] Theodore Hittell, *History of California* (San Francisco: Stone, 1898), 4: 129; Coy, *In the Diggings*, p. 42; George C. Mansfield, *History of Humboldt County, California* (California: Wallace W. Elliot, 1882), p. 82; George C. Mansfifield, *History of Butte County* (Los Angeles: Historic Record, 1918), pp. 43, 46; 福尔瑟姆上尉见 *What I Saw in California*, Edwin Bryant ed., p. 474; 梅森上校见 Bryant, ibid., p. 461; *American Quarterly Register* 2 no. 1 (1849): 289; Angel, *History of Placer County*, p. 355。

[29] Mansfifield, *History*, p. 46; Bancroft, *History*, p. 92 n. 14; E. G. Buffum, *Six Months in the Gold Mines* (Ward Ritchie, 1859), pp. 93–94, 128–129.

[30] Bancroft, *History*, p. 92; H. H. Bancroft, *California, Inter Pocula: A Review of Some Classical Abnormalities* (San Francisco: History, 1888), pp. 438–439.

[31] William Ryan, *Ryan's California: Personal Adventures in Upper and Lower California in 1848–1849* (London: Shoberl, 1850), pp. 211–214.

[32] Ibid., p. 216. 亦见 Williams, *History*, p. 68; Charles Shinn, *Land Laws of Mining Districts* (Baltimore: Johns Hopkins University Press, 1884), pp. 106–108。不幸的是，大多数早期合约要么是口头的，要么即使是书面的，后来也遗失或销毁了。

[33] J. H. Carson, *Early Recollections of the Mines* (Stockton, 1852), p. 18; Wells,

History, p. 79; Sioli, *History*, p. 183; ibid., p. 175, E.G. Buffum, *Six Months in the Gold Mines* (California: Ward Ritchie, 1859), p. 91; Williams, *History*, p. 64; Owen Coy, *Gold Days* (California: Powell, 1929), p. 170; Edwin Bean, *Bean's History*, p. 395; Charles Shinn, *Mining Camps*, pp. 157–158; Colton, *Three Years*, pp.301–302, 309–310.

[34] 梅森的信件见Bryant, *What I Saw*, p. 457。这些是在锯木厂周围观察到的。如博思威克（J. D. Borthwick）书里记载的那样，所观察到的团体离锯木厂越远，规模越大，见J. D. Borthwick, *The Gold Hunters* (New York: Macmillan Co., 1917), p. 152; Fariss and Smith, *History of Plummas, Lassen, and Sierra Counties, California* (Berkeley: Howell-North, 1971), pp. 289, 457, 473; Sioli, *History*, pp.182, 193; Angel, *History*, pp. 68–69, 71, 79, 88; Bancroft, *History*, p. 97; *History of Amador County*, pp. 74, 203, 215, 222; Shinn, *Mining Camps*, p. 109; Josiah Royce, *California: From the Conquest in 1846 to the Second Committee in San Francisco* (New York: Houghton Mifflin, 1886), p. 289。这种团体规模的扩大，可能是因为印第安人敌对行动的发生率较高，而且矿工远离锯木厂，需要更多的保护。关于印第安人攻击的报道，见Hittell, *History*, pp. 77, 86, 158–159; Nadeau, *Ghost Towns*, p. 168; Paul, *California Gold*, pp. 94–95; Bancroft, *Inter Pocula*, pp. 449–450; Jackson, *History*, p. 53; *History of Humboldt*, p. 121; Bancroft, *History*, pp. 72, 78; Angel, *History*, p. 345。

[35] Bryant, *What I Saw*, p. 457.摇金篮里的水和矿土的比例决定了把泥运到水里更划算。后来，用水渠将水引到矿土里。John Hittell, *The Resources of California* (San Francisco: Roman, 1863), p. 262.

[36] J. T. Brooks, *Four Months Among the Gold-Finders in California*, 2d ed. (London: David Bogou, 1849), p. 82; ibid., p. 77; Royce, *California*, p. 290.

[37] 那个时期的观察者，几乎都证实了这一事实。见Hittell, *History*, p. 46; Mansfifield, *History*, p. 103; Shinn, *Mining Camps*, p. 139; Frank Marryat, *Mountains and Molehills: Or Recollections of a Burnt Journal* (New York: Lippincott, 1855), p. 123；梅森的报告见Bryant, *What I Saw*, pp. 458–462。

在那段时期，几乎每个作家都同意梅森的观点。据报告，1849年以后犯罪率急剧上升。

[38] Sutter, in Paul, *The California Gold Discovery*, p. 131; Brooks, *Four Months*, pp. 66–67, 83; Hittell, *History*, pp. 50–51; Coy, *In the Diggings*, pp. 52–53; Colton, *Three Years*, pp. 291; Shinn, *Mining Camps*, p. 158. 前面提到的萨特与印第安人之间的合约除外。

[39] 到加利福尼亚的各种路线和遇到的问题的相关信息，见Jacques R. Moerenhout, *The Inside Story of the Gold Rush*, trans. Abraham P. Nasetir (San Francisco: California Historical Society, Spec. Publ. no. 8, 1835); Bancroft, *History*, pp. 126–164; Octavius Thorndike Howe, *Argonauts of '49: History and Adventures of the Emigrant Companies from Massachusetts, 1849–1850* (Cambridge, Mass.: Harvard University Press, 1923), pp. 16–114。

第 七 章

[1] *New York Tribune*, June 7, 1849; *Daily Alta California*, Nov. 29, 1849, Jan. 31, 1850; J. Ross Browne, *Report of the Debates in the Convention of California on the Formation of the State Constitution, in September and October, 1849*, vol. 23 (Washington, D.C.: Towers, 1850). 关于各矿区矿工人数量的估计，见Chester Merriam, *Bars on the Yuba River* (Marysville, Calif.: 1951), pp. 1–16; H. H. Bancroft, *History of the Pacific States* (San Francisco: History, 1888), 18: 352–376; Owen C. Coy, *In the Diggings in Forty-Nine* (Los Angeles: California State Historical Association, 1948); Remi Nadeau, *Ghost Towns and Mining Camps of California* (California: Ward Ritchie, 1965)。请记住，由于矿工"涌入"新的地点，这些人口数会在短期内会发生巨大的变化。利用移民报告、选举结果报告和人口普查报告进行的人口估计，其全面讨论见Langley and Mathews, *The State Register and Yearbook of Facts for 1857* (San Francisco, 1859), pp. 119–122, 184–189。

[2] Octavius Thorndike Howe, *Argonauts of '49: History and Adventures of the*

Emigrant Companies from Massachusetts, 1849–1850 (Cambridge, Mass.: Harvard University Press, 1923), pp. 3–16; ibid., pp. 187–213, 214–217. 豪（Howe）列出了1849年从马萨诸塞驶往加利福尼亚的124家公司的名单。这些公司的规模小至5人（烟草公司），大至180人（萨尔德和加利福尼亚互助采矿公司），平均规模为45至50人。在埃塞克斯县和加利福尼亚矿业贸易公司的合约中，有一长串限制成员饮酒、赌博和打架等行为的规则。这家公司有40名成员。100名成员：*Constitution and By-Laws of the New England and California Trading and Mining Association* (Boston: Chisholm, 1849); 100名成员：*Constitution and Rules and Regulations for the Domestic Government of the New York Mining Company* (New York: Prall, 1849); *Rules and Regulations of the Mutual Protection Trading and Mining Co.*; 33名成员：*The Copartnership Agreement: Constitution and Records of Wright's Company of Gold Diggers, 1849*。在上一份合约中，赖特（Wright）先生支付了成员的旅费和日常用品。作为交换，这些成员要开采两年黄金，并把所发现的黄金分一半给赖特先生，余下的一半则在公司成员中平均分配。

[3] Theodore Hittell, *History of California* (San Francisco: Stone, 1898), 4: 254; H. H. Bancroft, *California, Inter Pocula: A Review of Some Classical Abnormalities* (San Francisco: History, 1888), p. 110; Howe, *Argonauts*, pp. 55–56, 61, 72, 82, 113, 145. 最后这条参考文献罗列了某些公司在去矿地过程中失败的情况。D. B. Woods, *Sixteen Months in the Gold Diggings* (1851), pp. 171–176, 该书计算了一些活到采矿阶段的公司的人均日产出。他给出的数字是每人每天3.16美元。当时采矿的收入是每天12至16美元。因此，这些公司没有持续多久。有关具体公司历史的详细回顾，见Marshall Hughes, "The Argonaut Mining Companies of 1848–1850" (M.A. thesis, University of California, 1937)。

[4] Coy, *In the Diggings in '49*; Myron Angel, *History of Placer County, California* (Oakland: Thompson and West, 1882), pp. 71, 79, 88; *History of Humboldt County, California* (California: Wallace W. Elliot, 1882), p. 121; Bancroft,

History, pp. 97, 120; *Constitution and ByLaws of the Star Mining Co.*, Rocky-Bar Mining Company, Circular. 我能找到的最可靠的证据，是各矿区指定矿工保存的一些记录簿。某公司的人出于采矿目的汇集他们的矿地（将在稍后讨论），并将他们公司的矿地数量以书面形式记录下来。《亚美利加河北支流记录簿》(*The Record Book for the North Fork of the American River*)表明，那些承包砂矿开采的公司的规模从2至8人不等；类似的，加利福尼亚内华达县的《密西西比河谷矿区记录簿》(*The Record Book for the Mississippi Valley Mining District*)显示，公司规模从4至6人不等。

[5] J. Hittell, *The Resources of California* (San Francisco: Roman, 1863), pp. 268–269.

[6] *The Record Book for the North Fork of the American River.* 这些记录并不总标示这些筑坝工程的公司规模，但已有记录中，规模在8至16人的范围。罗基-沙洲矿业公司在不同时期有25至40名成员。

[7] Carl Wheat, "The Rocky-Bar Mining Company: An Episode in Early Western Promotion and Finance", *Quarterly of the California Historical Society* 5 (1933): 65–76。实际上，这家公司和其他类似的公司组成了一家股份制公司，每个成员都有一股份额。有时，一个整理材料而不提供劳动的非采矿员工，是以一股份额作为酬劳的。

[8] *The Record Book for the North Fork of the American River.*

[9] Rodman Paul, *California Gold: The Beginning of Mining in the Far West* (Cambridge, Mass.: Harvard University Press, 1947), pp. 126–137; *The Record Book for the North Fork of the American River.*

[10] 除了一些与印第安人签订的工资合约，和一些黄金发现分派权利的合约外，这些合约是唯一在矿场中观察到的合约。后来，公司合约出现了，但它总是在现有的一组土地产权下的某个矿区内形成。

[11] Charles Ferguson, *The Experiences of a Forty-Niner During a Third of a Century in the Gold Fields* (Chicago: Carson, 1924), p. 98.

[12] Paola Sioli, *History of El Dorado County* (Oakland, 1883), p. 84.

[13] William Kelly, *Excursion to California* (London: Chapman and Hall), pp.

24–25.

[14] J. H. Carson, *Early Recollections of the Mines* (Stockton, 1952), p. 18.

[15] James J. Ayers, *Gold and Sunshine: Reminiscences of Early California* (Boston: Gorham, 1922), p. 46.

[16] Harry L. Wells, *History of Nevada County, California* (Oakland: Thompson and West, 1880), p. 89; Edwin Bean, *Bean's History and Directory of Nevada County, California* (California: Daily Gazette, 1867), p. 359.

[17] Friedrich Gerstaecker, *California Gold Mines* (Oakland: Bio books, 1946), pp. 58–86; "Unbound Documents", Bancroft Library, no. 50, "Letter from Willow Bar"; George C. Mansfifield, *The Feather River in '49 and the Fifties* (Oroville, Calif.: 1929), p. 10; C. L. Canfield, *The Diary of a Forty-Niner* (New York: Houghton Mifflflin, 1920), pp. 42, 43–44; Hittell, *History*, pp. 96–97; Walter Colton, *Three Years in California* (New York: Barnes, 1859), p. 287; George Hanson, "The Early History of the Yuba River Valley" (M.A. thesis, University of California, 1924), pp. 73, 84; Dorothy Adams, "Life in the Mining Camps of the Yuba River Valley" (Ph.D. diss., University of California, 1924), p. 56; Emmett Joy, "Chile Gulch" (Ms., Bancroft Library, Berkeley), p. 6; Tyrrell Martinez and Frank Drummond, *The Early Mining Laws of Tuolumne and Calaveras Counties* (Berkeley: University of California Press, 1936), pp. 4–5; Bancroft, *Inter Pocula*, pp. 237–239.

[18] Charles Shinn, *Mining Camps: A Study in American Frontier Government* (New York: Scribner's, 1885), pp. 160–162.

[19] Howe, *Argonauts*, p. 139; Charles Shinn, *Land Laws of Mining Districts* (Baltimore: Johns Hopkins University, 1884), p. 557, Martinez and Drummond, *Early Mining Laws*, p. 13. 有关这些几乎摧毁了所有采矿营地的大火的壮观报道，见 George C. Mansfifield, *The History of Butte County, California* (Los Angeles: Historic Record, 1918), p. 66; G. W. Reed, ed., *History of Sacramento County, California* (Los Angeles: Historic Record, 1923), p. 133; *History of Amador County, California* (Oakland: Thompson

and West, 1881), pp. 210, 230, 233; Shinn, *Mining Camps*, p. 160; Wells, *History*, pp. 66–67, 71, 75–76, 83–84, 92; Bean, *History*, 81, 87, 89, 93, 401; Paul, *California Gold*, pp. 75–78。事实上，荷兰平地（Dutch Flat）是唯一至少有一次没被烧毁的采矿小镇。J. Ross Browne, *Report*, 1868, p. 105.

[20] Fariss and Smith, *History of Plummas, Lassen, and Sierra Counties, California* (Berkeley: Howell-North, 1971), 457–458; Ayers, *Gold and Sunshine*, pp. 93–94, 67–68; Hittell, *History*, pp. 254–255; Bean, *History*, p. 369, 378, 381, 395.相关报道亦可见 *Burns Ranche Gold Mining Company* (New York, 1851), *Volcano Quartz Mining Co.* (New York, 1852) 和 *Record Books*。后来，当开采石英开始盈利时，所有的石英公司都最先根据地区法律获得土地权利。在1868年提交国会的报告中，布朗列出了许多当时在矿场工作的公司及其矿地的位置。见 J. Ross Browne, *Report, 1868*, pp. 17–206。

[21] 一般性的阐述，见Hittell, *Resources*, p. 357。关于100多个矿区的完整规则，见 *Tenth Census of the U.S. 1880*, 14: 271–345。在这些合约中，对希望将其财产权与根据矿区法已经取得的土地进行合并的公司，都进行了相关规定。

[22] Shinn, *Land Laws*, p. 558.

[23] Ibid., p. 559.

[24] Howe, *Argonauts*, p. 139. 这些规则都出现在1849年"干砂矿开采"期间。

[25] Fariss and Smith, *History*, p. 287.

[26] Shinn, *Land Laws*, p. 557.

[27] Sioli, *History*, pp. 99–100.

[28] 该术语借用自张五常的《合约结构和非私产性资源理论》。

[29] Frank Drummond and Tyrrell Martinez, *The Popular and Legal Tribunals of Tuolumne County, 1849–1867* (Berkeley: University of California, 1936). 这项研究包含了大量从县档案馆收集的法院案件。亦见 Bancroft, *Inter Pocula*, pp. 582–657; J. D. Borthwick, *The Gold Hunters* (New York:

Macmillan, 1917), p. 153; Josiah Royce, *California: From the Conquest in 1846 to the Second Committee in San Francisco* (New York: Houghton Miffflin, 1886), pp. 313–344; Sioli, *History*, p. 186; Bancroft, *History*, pp. 433–434; Hittell, *History*, pp. 272–309; Frank Marryat, *Mountains and Molehills: Or Recollections of a Burnt journal* (New York: Lippencott, 1855), p. 124。

[30] 关于转移矿地采矿权的例子，见 Bean, *History*, p. 359; Wells, *History*, pp. 183–184; Henry S. Bloom, *Tales of the Pioneers of the Kankakee* (Ms., Bancroft Library, Berkeley), pp. 77, 84, 88, 90; *History of Amador County*, p. 205; Angel, *History*, p. 229; Coy, *In the Diggings*, p. 74; Hittell, *History*, pp. 198, 257–260; Bancroft, *History*, pp. 258, 297–398。随着出售矿地成为可能，骗子有了可乘之机。报告中说，当有矿工发现自己的矿地含金量低时，就会对其"添盐"(salt)。这种方法大致相当于在其矿地中撒上黄金（金块和粉尘），然后待高价而沽。潜在买家淘砂找到其中隐藏的黄金，从而相信矿地的黄金非常丰富。有些时候，卖家会用霰弹枪把金粉射进土里，以便营造一个更为"自然"的黄金分布的假象。关于"添盐"及其后果的一些报道，可见 Kelley, *Excursion*, pp. 35–36; Hittell, *History*, p. 198。

[31] Paul, *California Gold*, p. 234. 然而，这并不是一份完整的调查。产权确证，是可供分析一条线索。根据国家法律，私人财产应当纳税，公共土地则无须纳税。为了完成产权确证，矿工们需要将原先自己在公共土地上的财产，转化为私人的纳税财产。这里的数据表明，政府给土地赋予私有权，给矿土提供了额外的保护，但这种保护带来的额外收益，少于因此应缴的税款。这种税金占资产估值的3%至4.5%。J. Ross Browne, *Report 1868*, pp.13–14.

[32] William B. Clark, *Gold Districts of California*, Bulletin 193 (San Francisco: California Division of Mines and Geology, 1970), p. 4. 对估算这些黄金产量的相关问题的讨论，见 Paul, *California Gold*, pp. 345–348。

[33] Browne, *Report, 1868*, pp. 15–179.

第 八 章

[1] 见第6章，n. 37。
[2] 见第5章，nn. 24–25, 27；见第6章，n. 39。
[3] 见第6章，n. 37。
[4] *The Mining Magazine* (New York, 1854), p. 185; J. Ross Browne, *Report on the Mineral Resources of the States and Territories West of the Rocky Mountains, 1868* (Washington, D.C.: Appleton, 1887), p. 239; William B. Clark, *Gold Districts of California*, Bulletin 193 (San Francisco: California Division of Mines and Geology, 1970), pp. 34–35, 48, 76, 99, 104, 135, 142, 175; Browne, *Report, 1868*, pp. 65, 93, 97, 239; Heckendorn and Wilson, *Miners' and Business Men's Directory* (California: Clipper Offifice, 1856), p. 74; W. Clark, *Gold Districts*, pp. 67, 76–77, 100, 107, 134, 144–145.
[5] Ibid. 该书是加利福尼亚矿产和地质司出版的公报，记载了200多个矿区的采矿活动和地质特征的信息。这本书除了有早期矿区的照片，还是很有价值的材料。同样，布朗于1868年所写的报告，是一份根据政府委托代理人收集采矿活动信息编写而成的报告。当中详细描述了几个矿区和数百个私人矿井。
[6] 很难理解，为什么已开采土地会闲置，以至于另一个矿工可以通过抢先占有来主张对它的权利。对此，有三种可能的解释。首先，据报告，早期的矿区禁止出售矿地。如果矿工决定离开该矿区，他就不得不离开矿地开放给另外的矿工去抢占。其次，有可能是矿地太贫瘠，不值得寻找买家，尤其是当出现其他地方发现富矿的报道时。最后一种是采矿者死了。如果没有合伙的话，他的矿地就向其他人开放了。
[7] Edwin Bean, *Bean's History and Directory of Nevada County, California* (California: Daily Gazette, 1867), p. 30; Charles Shinn, *Mining Camps: A Study in American Frontier Government* (New York: Scribner's, 1885), p. 111; Owen C. Coy, *In the Diggings in Forty-Nine* (Los Angeles: California State Historical Association, 1948), p. 56; Theodore Hittell, *History of California* (San

Francisco: Stone, 1898), 6: 252; H. H. Bancroft, *History of the Pacific States* (San Francisco: History, 1888), 18: 398 n. 47

第 九 章

[1] 请注意，我问的是为什么个人会选择限制自己的权利。随后的分析仅限于团体中的每个人在形成原始契约时有选择的情况。面对那种团体成员不直接决定契约的代议制政府，其行为是无法通过我这个模型推测的。
[2] 个人财富的最初规模是通过使用暴力来确定的。
[3] 支付的款可正可负。如果我买了赌博的权利，我就不得不给那些受我行为伤害的人付钱，而那些受益的人则要付钱给我。
[4] 特别是，价值相对较低的财产将仍然是非私产性的；没有明确的合约条款分派了对该资源的权利。
[5] 虽然从边际看，消散总是完整的，但从总体来说，消散可能完整，也可能不完整。这完全取决于生产函数的性质和个人决策者的替代选择。
[6] 本节余下内容基于 Charles Shinn, *Mining Camps: A Study in American Frontier Government* (New York: Scribner's, 1885), pp. 78–117, 167–190。
[7] 矿工们从来没有建造任何牢房或监狱来拘留入侵者。因此，审判在逮捕后立即进行，且通常不超过几分钟。如果罪犯被判有罪，则当场处以从流放到肉刑或绞刑的惩罚。与我们如今审判漫长和惩罚延缓的制度相比，"被抓"的成本现值较高，这可能是金矿区犯罪率较低的原因。
[8] 矿工们仍然有可能秘密出售他们的矿地。这将增加谈判和执行销售合约的成本，从而降低土地的市场净值。即使交易做成了，离开该地区的成本也会高于没有交易限制时的成本。
[9] Theodore Hittell, *History of California* (San Francisco: Stone, 1898), p. 257; H. H. Bancroft, *History of the Pacific States* (San Francisco: History, 1888), 18: 398–399; Shinn, *Mining Camps*, p. 165.
[10] J. Ross Browne, *Resources of the Pacific Slope: Report of J Ross Browne, on the Mineral Resources of the States and Territories West of the Rocky*

Mountains, Made to Congress and Submitted to the Secretary of the Treasury, Washington, D. C., March 5, 1868* (Washington, D.C.: Appleton, 1887), 该书有关于几条沟渠及其估算成本的报告。

[11] H. H. Bancroft, *California, Inter Pocula: A Review of Some Classical Abnormalities* (San Francisco: History, 1888), pp. 436–560.

[12] Emmett Joy, "Chile Gulch", pp. 5, 6, Ms. Bancroft Library, Berkeley; Heckendorn and Wilson, *Miners' and Business Men's Directory* (California: Clipper Office, 1856), pp. 38–42; Bancroft, *History*, pp. 405–407; Shinn, *Mining Camps*, p.207.

[13] Rodman Paul, *California Gold: The Beginning of Mining in the Far West* (Cambridge, Mass.: Harvard University Press, 1947), p. 108; Shinn, *Mining Camps*, pp. 133–134.

[14] 这些山丘被称为"第三纪砾石"（Tertiary gravels），指的是由远古的河流从山上冲刷下来的碎片所覆盖的砂矿床。这些河流形成于地球地质史上的第三纪。Paul, *California Gold*, p. 99.

[15] Waldemar Lindgren, "The Tertiary Gravels of the Sierra Nevada of California", U.S. Geological Survey, Professional Paper, no. 73. (Washington, D.C., 1911), pp. 65–66, 212–213; Paul, *California Gold*, pp: 104–106.

[16] 亨格里溪（Hungry Creek）和下汉巴格溪（Lower Humbug）位于锡斯基尤县。6个样本中的2个样本或占比为三分之一的样本，在1%水平上具有显著性。

[17] 令人困惑的是，为什么矿工要求矿地得有人在实际劳作。一个与假说相符的解释是，在矿地上劳作，会减少留在地下的黄金数量。这将使矿地成为一个价值较低的盗窃目标，降低了维护私有权的成本。

[18] 这项规定可由剩余的矿工以极低的成本执行。他们所做的就是取消对空置矿地（vacant claim）的保护。第一个占有这块土地的新来者被赋予了私有权。当然，其余的矿工本可以出售这一空置矿地，但这将推迟把额外的矿工纳入人力储备的进程。

[19] Shinn, *Mining Camps*, p. 131; Irving Fisher, *The Theory of Interest* (New

York: Kelley, 1970), p. 387; Paul, *California Gold*, p. 122. 在整个1849年期间，144%的高利率，部分是由于加利福尼亚的货币（黄金）供应增加，通货膨胀率飞升所致。到1850年，由于与东部各州建立了正常的贸易，货物供应不断增加，价格就下降了。

[20] "Unbound Documents", p. 47. Bancroft Library, Berkeley.
[21] Ibid., p. 50.
[22] Tyrrell Martinez and Frank Drummond, *The Early Mining Laws of Tuolumne and Calaveras Counties* (Berkeley: University of California Press, 1936), pp. 28–29.
[23] 这是从原始合约中建立的强制执行机制的性质得出的结论。解决争端的条款表明，大多数的采矿冲突是发生在团体成员之间，而不是与外部的闯入者。

参考文献

ADAMS, DOROTHY. *Life in the Mining Camps of the Yuba River Valley*. Ph.D. dissertation, University of California, 1924.

ALCHIAN, ARMEN A. "Some Economics of Property Rights." Mimeographed. Santa Monica: Rand Corporation, 1963.

ALCHIAN, ARMEN A., and ALLEN, W. *Exchange and Production, Theory in Use*, 1st ed. Belmont, Calif.: Wadsworth, 1969.

ALCHIAN, ARMEN A. "Uncertainty, Evolution, and Economic Theory." *Journal of Political Economy* 58 (1950).

American Quarterly Register and Magazine 2, no. 1 (1849).

ANGEL, MYRON. *History of Placer County, California*. Oakland: Thompson and West, 1882.

AYERS, JAMES J. *Gold and Sunshine: Reminiscences of Early California*. Boston: Gorham, 1922.

BANCROFT, H. H. *California, Inter Pocula: A Review of Some Classical Abnormalities*. San Francisco: History, 1888.

BANCROFT, H. H. *History of the Pacific States*. Vol. 18. San Francisco: History, 1888.

BEAN, EDWIN. *Bean's History and Directory of Nevada County, California*. California: Daily Gazette, 1867.

BIDWELL, JOHN. *Echoes of the Past*. New York: Citadel Press, 1962.

BLACK, GEORGE. *Report on the Middle Yuba Canal.* San Francisco: Towne and Bacon, 1863.

BLOOM, HENRY S. *Tales of the Pioneers of the Kankakee.* Ms., Bancroft Library, Berkeley.

BORTHWICK, J. D. *The Gold Hunters.* New York: Macmillan, 1917.

BOTTOMLY, ANTHONY. "The Effects of Common Ownership of Land Upon Resource Allocation in Tripolitania." *Land Economics* 30 (1963).

BROOKS, J. T. *Four Months Among the Gold-Finders in California.* 2d ed. London: David Bogou, 1849.

BROWNE, J. ROSS. *Report on the Debates in the Convention of California on the Formation of the State Constitution, in September and October, 1849.* Vol. 23. Washington: Towers, 1850.

BROWNE, J. ROSS. *Report on the Mineral Resources of the States and Territories West of the Rocky Mountains, 1866.* Washington, D.C.: Appleton, 1886.

BROWNE, J. ROSS. *Resources of the Pacific Slope: Report of J Ross Browne, on the Mineral Resources of the States and Territories West of the Rocky Mountains, Made to Congress and Submitted to the Secretary of the Treasury, Washington, D. C., March 5, 1868.* Washington, D.C.: Appleton, 1887.

BRYANT, EDWIN., ED. *What I Saw in California.* California: Osborn, 1876.

BUCHANAN, JAMES M. AND GORDON TULLOCK. *The Calculus of Consent.* Ann Arbor: University of Michigan Press, 1962.

BUFFUM, E. G. *Six Months in the Gold Mines.* California: Ward Ritchie, 1859.

Burns Ranche Gold Mining Company. New York, 1851.

BUSH, WINSTON. "Individual Welfare in Anarchy." In *Explorations in the Theory of Anarchy*, edited by Gordon Tullock. Blacksburg, Va.: Center for Study of Public Choice, 1972.

Butte Record. Nov. 8, 1856.

A California Gold Rush Miscellany Comprising: The Original Journal of Alexander Barrington, Nine Unpublished Letters from the Gold Mines, Reproductions of

Early Maps and Towns from California Lithographs: Broadsides, etc. Graborn, 1934.

California, Senate, *Journal of the Proceedings of the State.* 4th sess., 1853.

CANFIELD, C. L. *The Diary of a Forty-Niner.* New York: Houghton Mifflin, 1920.

CARSON, J. H. *Early Recollections of the Mines.* Stockton, Calif., 1852.

CHEUNG, STEVEN N. S. "A Theory of Price Control." *Journal of Law and Economics* 17 (1974).

CHEUNG, STEVEN N. S. "Private Property Rights and Sharecropping." *Journal of Political Economy* 76 (1968).

CHEUNG, STEVEN N. S. "The Fable of the Bees: An Economic Investigation." *Journal of Law and Economics* 16 (1973).

CHEUNG, STEVEN N. S. "The Structure of a Contract and the Theory of a Non-Exclusive Resource." *Journal of Law and Economics* 13 (1970).

CHEUNG, STEVEN N. S. "The Theory of Inter-Individual Effects and the Demand for Contract." Ms. Seattle. University of Washington, 1972.

CHEUNG, STEVEN N. S. *The Theory of Share Tenancy.* Chicago: University of Chicago Press, 1969.

CHEUNG, STEVEN N. S. "Transaction Costs, Risk Aversion, and the Choice of Contractual Arrangements." *Journal of Law and Economics* 12 (1969).

CLARK, WILLIAM B. *Gold Districts of California.* Bulletin 193. San Francisco: California Division of Mines and Geology, 1970.

CLELAND, ROBERT G. *A History of California: The American Period.* New York: Macmillan, 1922.

COASE, RONALD H. "The Federal Communications Commission." *Journal of Law and Economics* 3 (1959).

COASE, RONALD H. "The Nature of the Firm." *Economica* 4 (1937).

COASE, RONALD H. "The Problem of Social Cost." *Journal of Law and Economics* 3 (1960).

COLTON, WALTER. *Three Years in California.* New York: Barnes, 1859.

Constitution and By-Laws of the New England and California Trading and Mining Association. Boston: Chisholm, 1849.

Constitution and By-Laws of the Star Mining Company. Rocky-Bar Mining Company, Circular.

Constitution and Rules and Regulations for the Domestic Government of the New York Mining Company. New York: Prall, 1849.

Copartnership Agreement: Constitution and Records of Wright's Company of Gold Diggers, 1849.

COY, OWEN C. *Gold Days.* California: Powell, 1929.

COY, OWEN C. *In the Diggings in Forty-Nine.* Los Angeles: California State Historical Association, 1948.

Daily Alta California. Nov. 29, 1849; Jan. 31, 1850.

DAVIS, JOHN. *Historical Sketch of the Mining Law in California.* Los Angeles: Commercial Printing House, 1902.

DE FOOZ, J. H. *Fundamental Principles of the Law of Mines.* Translated by H. W. Halleck. San Francisco: Painter, 1860.

DEMSETZ, HAROLD. "Information and Efficiency: Another Viewpoint." *Journal of Law and Economics* 12 (1969).

DEMSETZ, HAROLD. "The Exchange and Enforcement of Property Rights." *Journal of Law and Economics* 7 (1964).

DEMSETZ, HAROLD. "Toward a Theory of Property Rights." *American Economic Review* 57 (May, 1967).

DRUMMOND, FRANK, AND MARTINEZ, TYRRELL. *The Popular and Legal Tribunals of Tuolumne County, 1849–1867.* Berkeley: University of California, 1936.

Dutch Flat-Water Co. v T. Mooney et al.

ELLISON, JOSEPH. *California and the Nation, 1850–1869.* Berkeley: University of California Press, 1928.

ELLISON, JOSEPH. "Mineral Land Question in California, 1848–1866."

Southwestern Historical Quarterly 30, no. 1 (1926).

FARISS AND SMITH, *History of Plumas, Lassen and Sierra Counties, California.* Reprint. Berkeley: Howell-North, 1971.

FERGUSON, CHARLES. *The Experiences of a Forty-Niner During a Third if a Century in the Gold Fields.* Chicago: Carson, 1924.

FISHER, IRVING. *The Theory of Interest.* New York: Kelley, 1970.

GERSTAECKER, FRIEDRICH. *California Gold Mines.* Oakland: Biobooks, 1946.

GORDON, GEORGE. *Mining Titles: Are There Any— What Are They?* San Francisco: Gilchrist, 1859.

GORDON, H. S. "The Economic Theory of a Common Property Resource: The Fishery." *Journal of Political Economy* 62 (1954).

GOUGH, J. W. *The Social Contract: A Critical Study of its Development.* Oxford: Clarendon Press, 1936.

The Grizzly Bear. Apr. 1922.

HANSON, GEORGE. *The Early History of the Yuba River Valley.* M.A. thesis, University of California, 1924.

HECKENDORN AND WILSON. *Miners' and Business Men's Directory.* California: Clipper Office, 1856.

History of Amador County, California. Oakland: Thompson and West, 1881.

History of Fresno County, California. California: Wallace W. Elliot, 1882.

History of Humboldt County, California. California: Wallace W. Elliot, 1882.

History of Kern County, California. California: Wall ace W. Elliott, 1883.

HITTELL, JOHN. *The Resources of California.* San Francisco: Roman, 1863.

HITTELL, JOHN. *Mining in the Pacific States of North America.* San Francisco: Roman, 1861.

HITTELL, THEODORE. *History of California.* Vol. 4. California: Stone, 1898.

HOBBES, THOMAS. *Leviathan: Or the Matter, Forme and Power of a Commonwealth Ecclesiastical and Civil.* Oxford: Mowbray, 1951.

HOWE, OCTAVIUS THORNDIKE. *Argonauts of '49: History and Adventures of the Emigrant Companies from Massachusetts, 1849-1850.* Cambridge, Mass.: Harvard University Press, 1923.

HUGHES, MARSHALL. *The Argonaut Mining Companies of 1849-1850.* M.A. thesis, University of California, 1937.

HUME, DAVID. "Of the Original Contract." In *Social Contract*, edited by Ernest Barker. New York: Oxford University Press, 1967.

HUTCHINGS and ROSENFIELDS. *The Miners' Own Book.* San Francisco: 1858.

JENKINS, W. W. *History of the Development of Placer Mining in California Annual Publication of the Pioneers of L.A. County.* Vol. 7. Los Angeles: Moke, 1907.

JOY, EMMETT. "Chile Gulch." Ms. Bancroft Library. Berkeley.

KANT, IMMANUEL. *The Philosophy of Law.* Edinburgh: Clark, 1887.

KELLY, WILLIAM. *Excursion to California.* London: Chapman and Hall.

KNIGHT, FRANK H. "Some Fallacies in the Interpretation of Social Costs." *Quarterly Journal of Economies* 38 (1924).

LANGLEY AND MATHEWS. *The State Register and Yearbook of Facts for 1857.* San Francisco, 1859.

The Laws of Chinese Camp Relating to the Mines and Mining Claims, 1854. Berkeley. Bancroft Library, University of California.

LINDGREN, WALDEMAR. "The Tertiary Gravels of the Sierra Nevada of California." U.S. Geological Survey, Professional Paper, No. 73. Washington, D.C.: 1911.

LINDLEY, CURTIS. *A Treatise on the American Law Relating to Mines and Mineral Lands.* Vol. 1. San Francisco: Bancroft-Whitney, 1903.

LOCKE, JOHN. "An Essay Concerning the True Original, Extent and End of Civil Government." In *Social Contract*, edited by Ernest Barker. New York: Oxford University Press, 1967.

MACCAULAY, S. "Non-Contractual Relations in Business: A Preliminary Study." *American Sociological Review* 23 (1963).

MANSFIELD, GEORGE C. *The Feather River in '49 and the Fifties*, Oroville,

Calif., 1929.

MANSFIELD, GEORGE C. *The History of Butte County, California*. Los Angeles: Historic Record, 1918.

MARRYAT, FRANK. *Mountains and Molehills: Or Recollections of a Burnt Journal*. New York: Lippencott, 1855.

MARTINEZ, TYRRELL AND DRUMMOND, FRANK. *The Early Mining Laws of Tuolumne and Calaveras Counties*. Berkeley: University of California Press, 1936.

MEADE, J. "External Economies and Diseconomies in a Competitive Situation," *Economic journal* 62 (1952).

Mendocino County Historical Society. *History of Mendocino County*. California: Alley, Brown, 1880.

MERRIAM, CHESTER. *Bars on the Yuba River*. Marysville, Calif., 1951.

Mining and Scientific Press. Nov. 9, 1861.

Mining Laws of Esmeralda District, Mono County, California. San Francisco: Towne and Bacon, 1863.

The Mining Laws of Junction Bluff Mining District in Bridgeport Township, Nevada County and State of California. Berkeley. Bancroft Library, University of California.

Mining Magazine. New York: 1854.

MOERENHOUT, JACQUES R. *The Inside Story of the Gold Rush. California Historical Society Special Publication No. 8*. Translated by Abraham Nasetir. San Francisco: California Historical Society, 1885.

Mountain Democrat. Mar. 10, 1855.

MOWRY, SYLVESTER. *The Mines of the West: Shall the Government Seize Them?* New York: Currie, 1864.

NADEAU, REMI. *Ghost Towns and Mining Camps of California*. Los Angeles: Ward Ritchie, 1965.

New York Tribune. June 7, 1849.

PARKER, CHARLES. *Digest of California Reports and Statutes.* San Francisco: Bancroft, 1868.

PARSONS, GEORGE FREDERIC. *The Life and Adventures of James W. Marshall.* Sacramento: Marshall and Burke, 1870.

PAUL, RODMAN. *California Gold: The Beginning of Mining in the Far West.* Harvard University Press, 1947.

PAUL, RODMAN. *The California Gold Discovery: Sources, Documents, Accounts and Memoirs Relating to the Discovery of Gold at Sutter's Mill.* Los Angeles: Talisman, 1966.

PIGOU, A. C. *The Economics of Welfare.* London: Macmillan, 1938.

Placer County Records.

Placerville Herald. May 14, 1853.

Prospects of the Owen's River Canal Company. San Francisco: Mining and Scientific Press, 1863. Berkeley. Bancroft Library, University of California.

Prosser v Parks. Berkeley. Bancroft Library, University of California.

Record Book for the Mississippi Valley Mining District. Berkeley. Bancroft Library, University of California.

Record Book for the North Fork of the American River. Berkeley. Bancroft Library, University of California.

Records of Clear Creek Mining District. Berkeley. Bancroft Library, University of California.

Records of El Dorado District. Berkeley. Bancroft Library, University of California.

Records of Hunt's Hill Mining District. Berkeley. Bancroft Library, University of California.

Records of Irish Hill. Berkeley. Bancroft Library, University of California.

Records of Miner's Depot Mining District. Berkeley. Bancroft Library, University of California.

Records of Mississippi Valley Mining District. Berkeley. Bancroft Library, University of California.

Records of Myer's Ravine Mining District. Berkeley. Bancroft Library, University of California.

Records of the Lone Star District. Berkeley. Bancroft Library, University of California.

REED, G. W., ed. *History of Sacramento County, California.* Los Angeles: Historic Record, 1923.

The Register for Mining Claims for the Gate District. Berkeley. Bancroft Library, University of California.

RICKETTS, A. H. *A Dissertation Upon American Mining Law: Its Origin, Development and Establishment.* Sacramento: State Printing, 1893.

RICKETTS, NORMA BALDWIN. *Mormons and the Discovery of Gold.* San Francisco: Pioneer, 1966.

ROCKY MOUNTAIN MINERAL LAW FOUNDATION, ed. *American Law of Mining.* Vol. 1, Cumulative Supplement. New York: Bender, 1973.

RODMAN, WILLOUGHBY. *History of the Bench and Bar of Southern California.* Los Angeles: Porter, 1909.

ROUSSEAU, JEAN JACQUES. *The Social Contract.* New York: Dutton, 1938.

ROYCE, JOSIAH. *California: From the Conquest in 1846 to the Second Committee in San Francisco.* New York: Houghton Mifflin, 1886.

Rules and Regulations of the Mutual Protection Trading and Mining Company. Berkeley. Bancroft Library, University of California.

RYAN, WILLIAM. *Ryan's California Personal Adventures in Upper and Lower California in 1848–1849.* London: Shoberl, 1850.

San Francisco Californian. Mar. 15, 1848.

SHINN, CHARLES. *Land Laws of Mining Districts.* Baltimore: Johns Hopkins University, 1884.

SHINN, CHARLES. *Mining Camps: A Study in American Frontier Government.* New York: Scribner's, 1885.

Shirley Letters. Berkeley. Bancroft Library, University of California.

SIOLI, PAOLA. *History of El Dorado County*. Oakland: n.p., 1883.

SMITH, ADAM. *Wealth of Nations*. Modern Library edition. New York, 1937.

STIGLER, GEORGE J. "The Economics of Information." *Journal of Political Economy* 69 (1961).

SUTTER, JOHN. *New Helvetia Diary*. San Francisco: Grabhorn, 1939.

Unbound Documents. No. 50. Bancroft Library, Berkeley. Willow Bar letter.

TAYLOR, BAYARD. *Eldorado or Adventures in the Path of Empire*. New York: Knopf, 1949.

Tenth Census of the United States. Vol. 14. 1880.

THOMAS, DAVID. *A History of Military Government in Newly Acquired Territory of the United States*. New York: Columbia University Press, 1904.

UMBECK, JOHN. "A Theory of Contract Choice and the California Gold Rush." *Journal of Law and Economics* 20 (1977).

UMBECK, JOHN. "The California Gold Rush: A Study of Emerging Property Rights." *Explorations in Economic History* 14 (1977).

UMBECK, JOHN AND STATEN, MIKE. "Inefficiency: A Logical and Empirical Impossibility." Ms. Purdue University, 1979.

Volcano Quartz Mining Company. New York, 1852.

WELLS, HARRY LAURENZ. *History of Nevada County, California*. Oakland: Thompson and West, 1880.

WHEAT, CARL. "The Rocky Bar Mining Company: An Episode in Early Western Promotion and Finance." *Quarterly of the California Historical Society* 5 (1933).

WILLIAMS, MARY FLOYD. *History of the San Francisco Committee of Vigilance of 1851*. Berkeley: University of California Press, 1921.

WOODS, D. B. *Sixteen Months in the Gold Diggings*. 1851.

YALE, GREGORY. *Legal Titles to Mining Claims and Water Rights in California, Under the Mining Law of Congress of July 1866*. San Francisco: Roman, 1867.

ZOLLINGER, JAMES P. *Sutter: The Man and His Empire*. New York: Oxford University Press, 1939.

跋
从淘金热寄望中国经济史学派

俊耀是张五常教授的"骨灰级粉丝",不遗余力地收集、推广张教授的作品与思想。承蒙邀请,我为昂伯克的书作跋,聊表推毂荐士之意。

一八四八年一月,锯木厂的工人詹姆斯·马歇尔在科洛马附近河岸发现了黄金,随即掀起了一场淘金热,美国乃至世界其他地方的冒险家涌入加利福尼亚,寻找财富。成千上万"淘金者"的到来,让这片处女地在短短数年内蓬勃发展,谱写出美国历史上的辉煌篇章。百多年来,影视文学作品不计其数:日落黄沙,牛仔马上,野性和文明并济、贪婪与道义共存……一幅幅充斥着掠夺、冒险与理想的画面,让人仿佛置身于黄金梦幻之中。

淘金热不仅是一个好的影视题材,更是一个难得的社会科学研究题材。它如同一个实验室,在一张白纸上写下经济、政治、法律……各种人类社会制度的起源。正因如此,昂伯克这本书在过去四十年间对社会学、政治学、法学与经济学都产生了深远影响。本书最吸引人的地方,就是褪去了令人迷惑的道德伦理与价值观,如同大浪淘沙一般,从科学客观的角度引领我们去探讨"产权界定"这一重要议题,是如同金子般宝贵的科学分析了。在没有法律、没有政府管理的情况下,产权界定是从什么时候开始的?有哪些具体的权利会被划分?这些权利又如何在竞夺黄金的人们之间进行分配?昂伯克从两百份原始采矿合同中,梳理了合约选择的约束条件,为我们一一回答上述问题。毫无疑问,一八四八年至一八六六年的加州是一个绝佳的实验室:那里的金矿是无主之物,没有法律与政府对其进行界定与管理,淘金者只能依靠自己,而清晰的产权界定合约在昂伯克的采矿合同样本中出现了几百次,更让人惊讶的是,这一过程仅仅在数天内完成。

昂伯克是张五常教授的第一位博士生,翻开本书,仿佛翻开了另一本《佃农理论》。我也是张教授的学生,当年写作博士论文《跨国合约论》时,自称"是看完《经济解释》后的小试牛刀,也是《佃农理论》的仿写",去解释跨国公司在华投资的合约选择。之后更是一发不可收拾:地方政府经济治理的合约、新能源汽车政策的合约、经济制度的合约……这些研究让我越来越意识到《佃农理论》在合约分析中的开创性地位及其无与伦比的学术价值。在二〇一七年深圳举办的"《佃农理论》五十年"研讨会上,名家荟萃,济济一堂。后辈小生方毅问了一个好问题:"爱因斯坦提出广义相对论后,迅速被物理学界认可,并在各大高校铺设课程。《佃农理论》的重要性不亚于广义相对论,为何没有这般'待遇'?"道格拉斯·艾伦(Douglas Allen)会后坦言:"《佃农理论》被低估了!"《佃农理论》是一个经济学的研究范式,不仅完整呈现了科学解释的全过程,而且为经济分析开辟了一个崭新的格局。正是因为有了《佃农理论》的开疆拓土,昂伯克才能攻城拔寨,为我们展现出一幅产权起源的科学画卷——完全不亚于博物馆里精美绝伦的妙手丹青。

巴泽尔曾说,华盛顿大学经济系最强的派别分别是在产权与经济史方面,而昂伯克的研究就是基于这种互动产生的一个重要结果。昂伯克在美国的历史中寻找到了一个研究产权的实验室,告诉我们经济学的实验室在真实世界中,也在历史中。这与当前如日中天的实验经济学形成鲜明对比,"象牙塔"中对各种变量的控制,其实已经破坏了人在社会中的本质,破坏了至关重要的约束条件,最终只能是缘木求鱼。中国的历史比美国要悠久得多,为什么我们没有诞生一篇这样的研究呢?五千年浩瀚历史留给我辈无数的"实验室":《商君论》第一条《田论》就是界定土地转让权的,"废井田,开阡陌"何尝不是对稀缺资源的产权界定?唐朝开元通宝与乾元重宝同时流通,二币二价,推翻了经济学中的"葛氏定律";张居正的"一条鞭法",上承唐代两税法,下启清代"摊丁入亩",挑战着经济学中的效率税制理论;战国时期从军事奖惩到经济改革,各种创新层出不穷,在制度竞争中淘汰出秦帝国一统霸业的制度,延续千年……

钱穆说要用"温情与敬意"诠释中国历史,我不完全同意他的观点,认为应该是"用科学来解释中国历史"才是最大的敬意。科学向来铁面无情,但是能够给人以理智,既不妄自菲薄也不妄自尊大,最关键的是让我们掌握经济发展的规律,做有趣、有用的研究。放眼看去，孔林乔木，吴宫蔓草，楚庙寒鸦……经过科学理论的训练就能赋予它们新的意义与价值。

"江山留胜迹，我辈复登临。"衷心希望类似于《加州淘金热的产权理论》这样的经济解释能够在华夏遍地开花，矗立起蔚为壮观的中国经济史学派。

周燕

二〇二〇年三月

译 后 记

已故诺奖获得者、著名经济史学家道格拉斯·诺思曾在他的一本代表作中提到:"关于交易成本的研究方法,最适合被称为'华盛顿大学研究法'(University of Washington Approach),此方法最早由张五常所创立,并经华盛顿大学其他一些学者提升、改进并得到发展。"自二十世纪九十年代起,经济学行内便出现了"华盛顿经济学派"一词。

那么,"华盛顿经济学派"的特点又是什么呢?学者萧满章说该学派的独特之处是注意件工合约,产权大师巴泽尔说主要是产权的分析,诺思说是交易成本,而该学派的"始作俑者"张五常教授却说该学派的独特之处是对租值消散的重视。可谓是众说纷纭。是的,这本书的翻译出版就是译者研究"华盛顿经济学派"的一个副产品。

"淘金热"是美国西进运动历史上的一个重要篇章,甚至可以说是美国历史的分水岭。在大部分人的印象中,这是一个充满贪婪、疯狂、暴力和混乱的时期,然而,有趣的是,虽然加利福尼亚金矿区最初没有土地产权,也没有实施法律并维持秩序的政府,但真正发生在金矿区的暴力事件少得惊人。这显然与常理相悖。为什么无主的矿地在竞争下却没有发生严重的租值消散呢?本书作者昂伯克用上交易成本的方法,通过对当年美国加州淘金热时期各种合约的研究,为淘金热构建了一个产权分析的理论框架。昂伯克的研究发现,在加州淘金热时期,淘金者们以相对较低的执行成本,建立了一套稳定的私有产权制度,从而成功地解决了自由使用、混乱和过度暴利的问题。他得出一个结论:为了减少共有产权下的租值消散,各个金矿区都通过私人合约的签订界定了私有产权。同时也证明:所有类型的权利都可能受到私人合约签订的约束。

另外,这项研究耐人寻味之处还在于,它表明,在应用科斯定理时,关于私有财产的假设并非是必要的。如果存在私有财产,而且交易成本可以忽略不计,那么资源的使用情况是可推测的,无须具体说明这些权利的分派,因为有这些权利就足够了。然而,即使在产权缺失的情况下,如果交易所得的收益超过了交易所产生的成本,我们也可以观察到资源的相同使用情况。或者说,只要交易成本相对于交易的潜在收益较低时,产权就会形成。

这本书不仅有理论,也有实证研究。特别是本书的后半部分,对各种假说的验证尤为精彩,读者朋友们千万不要错过了。华盛顿大学经济系的元老巴泽尔教授在悼念道格拉斯·诺思的文章中曾提到:"诺思对经济系中的氛围产生了强烈的影响,他在职期间使得经济系变得非常有趣。在当时的经济系里,有两个受到专业广泛认可的最强派别:产权研究和经济史研究。这两个派别都人多势众，都不断来往切磋，都出版了一系列的作品。两个派别之间频繁的互动，主要还是归功于诺思自己的兴趣与说教。而昂伯克关于加州淘金热的研究，就是在这样密切的互动下产生的一项重要成果。"正如张五常教授在本书的代序中所说的那样："要知道什么是华盛顿经济学派吗？昂伯克这本书就是该学派的其中一件代表作。"

值得一提的是，昂伯克曾为美国参众两院、联邦贸易委员会、环境保护署、能源部与国际贸易委员会等联邦级别的机构以及数量庞大的州参议院提供专业的经济咨询。同时，他还是七十多个法律诉讼案件的经济顾问，其中大多数与反垄断相关。他还获得过二十多个杰出教学奖。毫无疑问，无论是作为一名学者，还是作为一名经济学理论的实践者，昂伯克都是成功的。

根据昂伯克为他的老师张五常教授八十岁生日时所写的回忆文章所述：作者从张五常教授那里所受的经济学训练使得他在行内变得有些独特，这些独特的方面在学术圈外同样具有价值。关于私人合约的知识与对产权经济学的解释能力使得其无论对私人企业、律师或是政府都极具价值。因此，昂伯克还在学术圈外做了多年的私人研究，这些研究对立法和判案都提供了科学的依据。另外，昂伯克还成功地募集到资金，创立了一个研究政府管制及其对私人合约影响的研究中心。他希望能用科斯、阿尔钦和张五常的方法论来培养和训练年轻的研究生。

最后，谨此衷心感谢张五常教授为本书所写的序《从淘金热看华盛顿经济学派》，为此中译本增色不少。也正是五常教授，让译者迷上了经济学这门课，并受益良多。这里，特别感谢中山大学的周燕老师，她为本书的出版提供了诸多帮助；同时，感谢英国牛津大学的艺术家何为民老师，他精心创作的版画给读者们展现了加州淘金热时期的历史画面，让这本严肃的学术著作有了艺术气息；感谢著名经济学家、丹麦哥本哈根商学院教授尼古莱·福斯（Nicolai Foss）为本书写的推荐语。另外，还要感谢家人的理解和支持，因为本书的翻译占用了大量的时间和精力。需要特别说明的是，本书的编辑李佳楠先生是一位才华横溢且有责任心的青年才俊，没有他的努力付出，这本书也许很难顺利出版。这里，还要感谢助理赵静女士，她为本书的图表重制提供了帮助。

因为译者自身教学任务繁重，加上其他各种外因，所以这本书从作者昂伯克同意中文版的翻译开始到如今正式出版面市，已经过去了四年多的时间。作为一项研究工作的副产品，翻译工作是一个深入学习知识的过程和体验。但受译者能力所限，书中译文的纰漏在所难免，欢迎读者朋友们指正，以期在本书再版时进一步修订完善。

译者
二〇二一年三月于宁波